ESTADO
CERO

ROSA VIRGEN OCHOA

ESTADO
CERO

Manual para el enriquecimiento personal

PANORAMA

superación

Estado cero
Manual para el enriquecimiento personal
Rosa Virgen Ochoa

Primera edición: Producciones Sin Sentido Común, 2017

D. R. © 2017, Producciones Sin Sentido Común, S. A. de C. V.
 Avenida Revolución 1181, piso 7,
 colonia Merced Gómez,
 03930, Ciudad de México

Teléfono: 55 54 70 30
e-mail: ventas@panoramaed.com.mx
www.panoramaed.com.mx

Texto © Rosa Virgen Ochoa
Fotografía portada © Benjavisa Ruangvaree,
usada para la licencia de Shutterstock.com

ISBN: 978-607-8469-44-4

Impreso en México

A ti, mamá, te doy gracias infinitas
por darme la lección.

A ti, Mama Nena, por abrir mi mente.

A ti, Sofía, por ser el bálsamo
de mi entendimiento.

A ustedes, amigas, por ayudarme a crear.

A ti, papá, por ser mi incondicional,
mi roble. Seremos amigos por siempre.

A ti, Homero, mi pareja eterna, por entender.
Te admiro y honro profundamente.

Y gracias a todos los que hoy me leen,
porque sin ustedes, nada de esto existiría.

Índice

Introducción

Si este libro está en tus manos, seguramente es porque alguna vez te preguntaste ¿por qué no traemos un manual para saber cómo ser humanos? Te sorprenderá que el simple acto de hacerte esta cuestión será el primer paso para lograr tu desarrollo personal.

No importa en qué momento de la vida te encuentres, puedes estar pasando por una etapa sumamente difícil, quizá has sufrido una pérdida fuerte y estás deprimido, también puede ser que pienses que nada tiene sentido. Tal vez estás enfermo y tu cuerpo te está pidiendo a gritos una ayuda más allá de la que los doctores pueden ofrecer, sin embargo, no encuentras qué hacer. Probablemente, cometiste errores y experimentas culpas, remordimientos, lo que hace que te sientas lastimado, pisoteado o que tengas baja autoestima. A veces puedes pensar que tu potencial está oprimido y que no logras despegar. También es probable que te encuentres relativamente bien y sólo estés en busca de hacer una transformación para mejorar tu vida, pero no sabes cómo actuar. Sientes que eres especial, pero no entiendes todavía qué tienes que hacer. Tal vez te encuentras en un periodo de renovación personal y te preguntes ¿qué hago en este mundo?, ¿cuál es mi misión en la vida? No encontrar las respuestas puede hacerte experimentar angustia e inquietud espiritual.

Así que si te identificas con alguno de estos puntos, entonces, este libro está escrito para ti. Este trabajo es para todos los seres humanos que sienten que tienen que evolucionar, están buscando respuestas y necesitan darle fin a su sufrimiento.

Debes saber que el sufrimiento es casi una condición de los seres humanos y no respeta sexo, edad ni condición social. Todos sufrimos en alguna medida; le pasa al millonario que no encuentra qué otro negocio emprender, a las madres cansadas de cuidar a sus hijos, a las personas que son discriminadas por sus condiciones físicas, a los que tienen una desilusión amorosa o a los enfermos que enfrentan un padecimiento. Aun así, no hay manera de comparar el sufrimiento de uno con el del otro porque es totalmente personal. El sufrimiento que cada ser humano experimenta siempre será lo más difícil que tenga que afrontar.

Ahora bien, a pesar de este terrible escenario, debes saber que el sufrimiento es la fuerza que motiva a cambiar. Considera que si no doliera una astilla enterrada en el dedo del pie, nadie buscaría quitársela y avanzar. El sufrimiento, que todos sentimos, es la principal razón para iniciar el trabajo personal, el autoconocimiento y el crecimiento espiritual. A veces, iniciar este proceso y lograr el desarrollo personal no es agradable y tampoco es una tarea fácil, pero al final siempre es muy reconfortante. No olvides que eres un ser de cambio, eres especial y único. Tú mereces una vida mejor y no debes tener miedo de comenzar el recorrido que te alejará del sufrimiento.

En este libro encontrarás información de muchas disciplinas que se enfocan en el desarrollo humano, tales como:

psicología, neurociencia, metafísica, filosofía budista, entre otras. Cada una de ellas intenta darte los instrumentos para conocerte a ti mismo y las fortalezas para afrontar la vida. No obstante, no hallarás descubrimientos científicos o historias mágicas ni milagrosas que te ayuden o inspiren a encontrar tus respuestas. Solamente te enseñarán a recordar las herramientas con las que, por el simple hecho de que seas un ser humano, ya cuentas. El fin es que puedas usarlas, trabajar con ellas y que aprendas a buscar dentro de ti tus propias preguntas y respuestas.

Pese a toda esta información, la responsabilidad de los resultados recae en ti mismo. El poder de mejorar está en tus manos. Los resultados no son inmediatos, requieren de poner mucho esfuerzo y tener disciplina. Lograr llegar al pleno desarrollo es un trabajo de largo plazo y, sobre todo, de mucha conciencia.

El diseño de este libro y de su metodología han sido perfeccionados después de trabajar durante diez años danto terapia. En la medida en la que sigas cada uno de los pasos que te propongo, te acercarás cada vez más a lograr el equilibrio físico, emocional, mental y espiritual en tu vida.

Metodología

El método para lograr el desarrollo personal que se propone en este libro se enfoca en tomar conciencia de nosotros mismos. La conciencia es el conocimiento que las personas pueden tener sobre el entorno, pero también es el conjunto de reflexiones sobre nuestros actos, emociones y la propia existencia.

El objetivo de esta metodología es que puedas tener conciencia de ti mismo y de las características que te conforman como ser humano a ti y a todos. Esto significa poder encontrar cuál es la esencia humana, saber cómo funcionan el cuerpo, las emociones y los pensamientos, y que además puedas utilizar todo esto a tu favor.

Este acercamiento está basado en tres peguntas fundamentales: ¿qué somos los seres humanos?, ¿cómo estamos equipados?, y ¿para qué estamos hechos? Para responder a cada una de estas interrogantes, se construyeron los siete pasos que conforman la metodología y que se explicarán un poco más adelante.

¿Qué somos?

La respuesta es sencilla en apariencia: somos seres humanos. Pero si analizas las palabras que componen este concepto, encontrarás una reflexión más profunda. La palabra *seres* o *ser* es una invitación a considerar la esfera espiritual. Todas las religiones piensan que las personas tienen alma, un ser interior o una chispita divina que se aleja del cuerpo material y que puede ir hacia lo divino o lo infinito. La palabra *humano*, por su parte, quiere decir que tenemos un cuerpo que se enferma, envejece y muere, y que está anclada al ámbito del mundo.

Las dos palabras que componen el concepto *ser humano* son igualmente importantes para comprender nuestra esencia. Es por este motivo que los primeros pasos de la metodología se inclinan a explorar la parte humana en primer lugar, y después, conforme avance el libro, se analizará la parte más espiritual.

¿Cómo estamos equipados?

La respuesta a esta segunda pregunta consiste en conocer las herramientas valiosas con las que contamos por el simple hecho de ser seres humanos. Saberlas utilizar de manera correcta es la clave del desarrollo personal. Los primeros cuatro pasos de la metodología de este libro abordan las respuestas a esta pregunta y tratan de explicar cómo funciona el cuerpo, las emociones y la mente.

En el paso 1 "Estado humano" conocerás las características que nos definen como seres humanos, aquéllas que son comunes a todos, y en particular sus limitaciones y alcances.

En el paso 2 "Estado físico" aprenderás que el cuerpo es la herramienta que funciona como medio de comunicación entre el *yo* interno y el *yo* externo; y que los dolores, síntomas y enfermedades son avisos de que las cosas no andan bien con el *yo* interno. Por eso, para mantener la salud es necesario conservar un equilibrio entre el cuerpo, las emociones y la mente.

El paso 3 "Estado emocional" explica cuáles son las emociones básicas, cómo se originan y cuál es su función. Después de leer este apartado con atención, lograrás trabajar con todas éstas sin ocultar ninguna y entenderás que ellas sirven para proteger, comunicar con el exterior, y como motor para actuar y aprender en la vida.

Además, aprenderás a usarlas para enriquecer tu visión del mundo, así como para tomar las decisiones y los mejores caminos en la vida. También entenderás que la intensidad con la que se sienten influye en la personalidad. A partir de conocer la manera que interactúan unas con otras, será posible tomar conciencia de las fallas que como un ser humano puedes cometer.

En el paso 4 "Estado mental" se verá, de manera breve, una teoría sobre cómo funciona la mente, desde la percepción de un estímulo del exterior hasta las conductas repetidas que se pueden generar. La intención de este paso es que entiendas el funcionamiento y que tomes conciencia de las razones por las que actúas de una forma, por qué tienes cierta personalidad o repites ciertos patrones.

En este apartado también se estudiará a la mente como una herramienta que hace posible que los pensamientos se materialicen. Te darás cuenta de las características creadoras que tiene ésta, y si sentías que tus capacidades se equiparaban con las de una bicicleta, ahora lograrás que se agilicen y se comporten como si se tratara de un avión.

Cuando pongas manos a la obra y ganes más conciencia en cada uno de estos aspectos, tu vida comenzará a fluir de mejor manera. Te empezarás a sentir muy bien. Sin embargo, ¡no te detengas! Todavía hay mucho por hacer.

¿Para qué estamos hechos?

Hasta ahora sólo hemos abordado las herramientas que tenemos como un seres humano. Sin embargo, es momento de descubrir cuál es tu misión personal para lograr encaminar todos los conocimientos y las capacidades ganados hasta el momento, por ello, el próximo paso te ayudará a dirigirte hacia esta tarea.

El paso 5 "Estado cero" es la entrada para algo verdaderamente valioso. En este punto lograrás hacer contacto con tu ser interior y recibir un mensaje muy importante que puede definir tu futuro. Aquí aprenderás cómo encontrar la misión que puede dar sentido a tu vida a partir de tu historia personal.

Al llegar a este punto, serás capaz de responder las tres preguntas fundamentales y te percatarás de que has logrado un estado de conciencia superior. A estas alturas estarás muy despierto. Sin embargo, pese a que en este punto ya habrás alcanzado cierto nivel de conciencia, será necesario que te atrevas a realizar un cambio para que el desarrollo personal sea completo. Para ayudarte a ello, los siguientes pasos te brindarán las herramientas necesarias para lograr la verdadera transformación. ¡Sigue adelante!

El paso 6 "Tomar decisiones" te ayudará a encaminarte para lograr tu misión personal. A partir de ahora es necesario que seas metódico respecto a lo que quieres y cómo lograrlo. Aunque suene sencillo, tomar decisiones es algo en lo que hay que prestar especial atención. Hay que tener claros los aspectos que deben ser prioritarios y significativos.

El camino no será fácil porque implica desprenderse de ese viejo *yo* que se quiere dejar atrás, y eso significará perder algunas otras cosas más. Sin embargo, con suficiente precaución y conciencia es posible que las elecciones sean duraderas y efectivas.

Después de tomar decisiones de manera consciente, es momento de comenzar a cambiar la realidad y por fin modificar tu destino.

En el paso 7 "Comenzar el cambio" conocerás cómo utilizar la neuroplasticidad. Esta propiedad de la mente permitirá que los cambios que quieras realizar sean definitivos y profundos. Además, conocerás una técnica de meditación que te será útil para conectarte con tu ser más profundo. Esta técnica, heredada por los sabios de la antigüedad, será fundamental para hacer realidad tu misión personal y que puedas convertirte en el ser que deseas.

Paso a paso, trabajaremos en hacerte consciente de tus procesos físicos, emocionales, mentales y espirituales. Este equilibrio permitirá que realices tus objetivos, tu misión personal y que puedas dirigir tu vida hacia la felicidad. ¡Mucha suerte y que comience este viaje!

TAREA

Vamos a intentar encontrar ese ser interior, esa chispita divina. Para ello, piensa en lo siguiente: el ojo sirve para ver, pero nunca se ve a sí mismo; para lograrlo necesita usar un espejo, y con ayuda de este sencillo objeto encontrarás una verdad casi mágica.

Busca un lugar cómodo y un ambiente en el que te sientas tranquilo e inspirado. Destínale tiempo a este ejercicio, es importante que no tengas prisas. Ponte frente al espejo y mírate. No te concentres en tu exterior; no observes si te ves triste o cansado, ve más allá. Por ahí dicen que *los ojos son el espejo del alma*. Así que mira directamente a tus ojos, entra en tu mirada, busca tu chispita y tu alma.

Quédate quieto, observando, intenta sentir y conectarte. Quizá a los cinco minutos pierdas un poco la concentración y te empieces a preguntar "¿qué demonios estoy haciendo?", pero sigue un poco más. Te aseguro que en algún instante lo lograrás y lo sentirás. Debo advertirte que las reacciones a esto varían de persona a persona, a algunos les da miedo porque se enfrentan a algo desconocido; a otros les da por llorar porque encuentran algo que estaba perdido desde hacía mucho tiempo en su interior; y a otros les da risa nerviosa. Cuando encuentres a tu ser interior y sientas la conexión, escríbele una carta. Sé sincero y cuéntale a quién ves, qué te gusta de lo que observas, qué características positivas y negativas tiene, y si sientes que va en la dirección correcta.

¡Haz conciencia!

Este ejercicio sirve para conectarte contigo mismo. Tienes que ser muy franco a la hora de elaborar la carta y así podrás tomar conciencia de tu condición, tu temperamento y, sobre todo, de las cosas que te molestan y que quieres cambiar.

PASO 1
Estado humano

Todos buscamos la felicidad esto es un hecho irrefutable. Sin embargo, cuando vemos nuestras vidas y nos preguntamos si de verdad somos felices, caemos en cuenta de que nos falta un largo trecho por recorrer para alcanzar esta gran meta, y que, en realidad, vivimos en continuo sufrimiento. El dolor, las decepciones, el estrés y las pérdidas nos acompañan en la vida. No tenemos todo lo que queremos, no cumplimos con nuestras expectativas, los problemas familiares y económicos nos rodean, hay muchísimos aspectos que no nos dejan alcanzar la dicha y siempre nos preguntamos por qué nos pasa esto.

Gerardo Schmedling, un gran maestro, sostiene que la respuesta a esta pregunta es que no aceptamos nuestra esencia como humanos. A partir de este planteamiento, él creó una disciplina llamada *aceptología*. En este apartado veremos en qué consiste *ser* humano a la luz de ésta, vamos a aprender qué es eso que nos caracteriza como humanos y cuál es nuestra esencia.

Existen cuatro principios que explican la esencia de lo humano:

1. Somos seres limitados.
2. Somos responsables.
3. Somos vulnerables.
4. Venimos solos y nos vamos solos.

Somos seres limitados

Muchos de los acontecimientos que ocurren escapan totalmente de nuestro control. ¡Auch!, duele mucho admitirlo, pero es verdad. No tenemos la capacidad de manejar las cosas tal y como quisiéramos. Por ejemplo, tienes una cita muy importante, te levantas más temprano, sales de casa mucho antes de lo normal. Sin embargo, el tráfico, el clima o algún otro incidente no te permiten llegar a tiempo. Esta es una situación que se da de manera accidental y, en realidad, escapa del control de todas las personas involucradas.

También hay otras situaciones que dependen de las decisiones de los demás y que no se pueden controlar. Imagina que tu pareja se quiere divorciar, o que tu hija decide consumir drogas, aunque sean personas cercanas, no tenemos ningún poder de decisión sobre sus acciones.

Esto es chocante porque la mayoría compartimos una misma aspiración: tener el control absoluto sobre la existencia y sobre lo que nos rodea. Queremos que todo suceda conforme a nuestro deseos. Estas aspiraciones revelan que no sabemos aceptar, incluso, una condición inherente a los seres humanos: que somos limitados.

Al querer controlarlo todo, utilizamos y escuchamos constantemente frases que comienzan con "debes...", "tienes..." Como pareja exigimos al otro y le decimos expresiones como: "¡No te vayas con tus amigos!" "¡No me debes hablar así...!", "¡Tienes que llegar temprano!" Como padres decimos: "¡Hijo, no llegues tan tarde!" "¡No me gusta que andes con esa persona!" Como jefes preguntamos a nuestros empleados: "¿Por qué no hiciste las cosas como te dije...?"

La aspiración de tener el control se refleja en los juicios que hacemos. Por ejemplo, en una ocasión llegó a mi consulta un chico bastante apuesto llamado Pablo, él había sufrido una parálisis facial y tenía dos amigos con los que cada jueves iba a cenar. Uno de esos días resultó que no se había organizado la cita, sin embargo, el viernes siguiente él se enteró que sus dos amigos se habían encontrado. Pablo llegó a su sesión muy triste y cuando empezamos a hablar del tema, me dijo que pensaba que ellos no habían querido invitarlo porque se avergonzaban de él por su condición física. Parte de la tarea de esa sesión fue investigar realmente qué era lo que había ocurrido. Lo que sucedió fue que uno de los amigos quería pedirle dinero prestado al otro y no quiso que Pablo se enterara. En este caso, si nos ponemos a reflexionar, caeremos en cuenta de que él juzgó de la siguiente manera: "No me invitan porque se avergüenzan de mí", pero esta idea le surgió por su incapacidad de controlar una situación, es decir, que no lo invitaran a cenar.

¡Claro!, juzgar antes de escuchar o de saber cuál es la realidad es más sencillo. De este modo, podemos enumerar muchos otros ejemplos al respecto. Vamos a considerar los siguientes casos, cuando decimos: "No, de seguro no me ha llamado porque no le intereso", lo que sucede es que como no podemos controlar que el otro nos hable, preferimos juzgarlo. "Seguro mi esposo o esposa no ha llegado a la casa porque anda con alguien más", aquí lo que pasa es que como no podemos controlar que nuestra pareja llegue al hogar a una hora en particular, entonces juzgamos premeditadamente. "Seguro él me habla así porque no le caigo bien", y como no podemos controlar el modo en que el otro se dirige a nosotros, entonces juzgar es la primera acción a realizar.

Por otro lado, es claro que queremos tener el mando en todas las situaciones en las que nos vemos involucrados y también en todas nuestras relaciones interpersonales. Hasta llegamos a pensar que las personas deben comportarse como queremos y si no lo logramos, caemos en la *crítica* diciendo o pensando cosas semejantes a las siguientes: "¿Ya viste?, ¡cómo puede salir de esa manera...!" "¿Cómo puedes soportar una situación así?" "¡Eres alguien que nunca sabe escuchar!"

De seguro hemos dicho más de una vez estas frases. Esto pasa porque criticar a los demás es muy fácil. Pero hay que detenerse a pensar qué tienen en común todas estas ideas. Lo cierto es que cada una de ellas muestra que es más sencillo ejercer control hacia otras personas o hacia las circunstancias que nos rodean, que intentar ver dentro de nosotros mismos, encontrar qué nos molesta, a qué le tememos o cuáles son nuestros apegos. Es mucho más cómodo intentar ejercer control fuera de nosotros que dentro.

La aspiración de controlar,
hacer juicios y críticas son tan sólo
una ilusión psicológica.

Todos estos comportamientos dirigidos a controlar a los demás, nos dicen que nos sentimos profundamente temerosos de que algo se salga de nuestras manos. La posibilidad de que algo esté fuera de control nos hace sentir inseguros. Esta inseguridad procede de que los deseos no se cumplan, de que los amigos no nos quieran y de que nuestra pareja se vaya. En el fondo, tememos que algo nos llegue a lastimar. Es es un hecho que somos seres indefensos, pero desvivirse por controlar todo no nos ayuda a afrontar nuestros temores.

Además, la realidad puede tener una cara distinta de la que alcanzamos a ver. Vamos a considerar los siguientes ejemplos: imagina que tu pareja llega a casa a las 6:30 de la tarde todos los días, y no hay manera de que se vea con alguien más después del trabajo. Pero ¿qué pasaría si a diario ellos se encontraran a las 8:00 de la mañana? Tu hija te dijo que por fin dejó a ese chico que no te gusta, pero es posible que se vean todos los días en la esquina de la casa. Te hiciste toda una historia sobre que te van a despedir del trabajo, tan sólo porque tu jefe te habló en un tono cortante, cuando puede ser que él tuviera una migraña insoportable. Y, finalmente, tejiste un cuento de amor y desamor sobre ese muchacho que conociste en el centro comercial y que no te llamó, pero no te detuviste a considerar si tuvo algún problema personal, qué tal si estuvo todo el fin de semana en el hospital y no pudo usar el teléfono.

La realidad está llena de acontecimientos en los que no tenemos influencia, es una ilusión pensar que podemos manejar todo a nuestro antojo. Para evitar el sufrimiento que implica chocar con ese mundo incontrolable, es necesario hacer conciencia de nuestras limitaciones y ganaremos, en consecuencia, la habilidad de darnos cuenta de nuestras capacidades.

Somos responsables

Ya sabemos que hay factores externos que no podemos controlar, y que debemos aprender a reconocer las cosas en las que no podemos intervenir y tratar de aceptarlas. Ahora bien, ¿qué nos queda como seres humanos?, ¿qué es lo que podemos hacer frente a la realidad si no podemos controlarla?

Los seres humanos somos responsables, consciente o inconscientemente, de cómo interpretar esta realidad. La actitud que tomemos ante la vida es algo que recae enteramente en nosotros. De igual manera, también somos responsables de las acciones que llevamos a cabo ante lo que se sale de nuestro control.

Para entender mejor este concepto veamos la historia de Enrique. Él pidió durante poco más de 30 años un crédito para comprar una casa. Cuando el banco se lo autorizó, sintió una enorme alegría. El 18 de septiembre de 1985 le entregaron las llaves de su casa y el entusiasmo era total. Toda la familia ayudó ese día con la mudanza, hablaron incansablemente de sus planes a futuro y festejaron con una comida. Su felicidad era tanta que no les importó sentarse en el piso. A la mañana siguiente, él levantó rápido a los niños, un pequeño de cuatro años y una chiquita de tres, para llevarlos a la escuela. Salieron más temprano que de costumbre, pues todavía no tenían los tiempos y las distancias medidas. Cuatro minutos después de salir de su casa vino el terrible terremoto que azotó a la Ciudad de México. Su nueva casa se derrumbó por completo y todo lo que tenía quedó bajo los escombros.

Por supuesto que un terremoto es algo que Enrique no podía controlar; nadie puede predecir los sismos y la naturaleza es algo más grande que cualquiera. Evidentemente, Enrique no tenía la culpa de que su casa se derrumbara ese 19 de septiembre. Sin embargo, él era totalmente responsable de su actitud frente a ese terrible suceso, ya que podía decidir entre dos opciones, la primera era declararse en bancarrota, tirarse al piso y llorar por haber perdido su patrimonio; la segunda era que él podía darle gracias a Dios porque salió justo a tiempo de su casa y que se salvaron todos los miembros de su familia.

Es tu responsabilidad cómo
interpretas la realidad.

Podemos entender el concepto de responsabilidad de manera superficial o profunda, según queramos. Podemos pensar que es tan simple como cumplir con lo que se nos pide en el trabajo o llevar dinero suficiente a casa. Pero también podemos utilizar el concepto para entender y asumir nuestras acciones; por ejemplo, cuando elegimos la vida que vivimos, la pareja que tenemos, y cómo tomamos el trato que tienen los demás hacia nosotros. Al fin y al cabo, absolutamente todas las decisiones que tomamos ocurren porque nuestra estructura consciente e inconsciente así lo permite.

Ahora sabemos un poco más acerca de la responsabilidad, sin embargo, con toda la velocidad del día a día, las normas sociales y las presiones externas, empezamos a desapegarnos de nuestro verdadero ser y a olvidar nuestra esencia como seres responsables de nosotros mismos. Comenzamos a buscar afuera, a vivir conforme los demás dicen que es lo correcto. Cedemos poco a poco la responsabilidad de nuestro ser a los demás y al entorno. Empezamos queriendo manejar todo según nuestro parecer y que la realidad obedezca nuestra voluntad; y si nos metemos en este mundo de control, inevitablemente vamos a sufrir.

Mientras más fea se ponga la cosa afuera, menos queremos mirar dentro de nosotros mismos para darnos cuenta de que somos los que tienen la responsabilidad de percibir todo como un caos. Llega un punto en el que dejamos de ver dentro de nosotros mismos, y creemos que es mejor salir y empezar a echar culpas.

Frecuentemente culpamos a otros por las situaciones que nos afectan. Si el dinero no nos alcanza para nada, es culpa del gobierno y de que el dólar está por los cielos. Si no somos felices, es porque los amigos, los familiares y la pareja no nos apoyan para lograr nuestras metas. Incluso llegamos a culpar a Dios por nuestras enfermedades como si éstas fueran un castigo.

En el fondo sabemos que hemos dejado de tomar la responsabilidad de nosotros mismos, y nos es fácil echar la culpa y responsabilizar a otros. Por ello, la tarea consiste no solamente en analizar y contar cuántas veces culpamos a los demás de nuestro malestar, sino que tenemos que hacer un ejercicio de conciencia y admitir con toda franqueza que hemos interpretado nuestro alrededor como un nido de problemas y que somos responsables de ello también.

La responsabilidad es una palabra especial, es una idea con mucha fuerza. Si lo permitimos, nos daremos cuenta de que ésta impacta en nuestras vida como el amor y la paz. La responsabilidad es un parteaguas que marca un antes y un después en la vida. Es el camino para sanar y alejarnos del sufrimiento. Llegué a estas conclusiones después de que me embaracé, en ese momento pude darme cuenta que somos seres que funcionamos perfectamente y de que hay una razón para todo. Mi hija crecía dentro de mi vientre y estaba protegida por mi cuerpo. Esto me hizo recordar que las religiones aseguran que una inteligencia superior nos diseñó y que nos proporcionó parte de su esencia divina. A su imagen y semejanza los seres humanos fuimos creados, y por si fuera poco, también tenemos un libre albedrío. Eso ya es mucha responsabilidad. Creo que ésta también forma parte de ese diseño original y que por eso a veces nos cuesta tanto trabajo asumirla.

La responsabilidad
es uno de los estados máximos
de conciencia.

Somos vulnerables

Las emociones no son un adorno en la vida diaria, tienen una razón de ser. Son indispensables para conectarnos con la realidad porque sirven como un puente entre nosotros y el mundo. Aunque tengamos las más grandes alegrías y satisfacciones, generalmente las emociones que más nos impactan son las desagradables, tales como el miedo, la tristeza o el enojo. Sin embargo, todos los sentimientos pueden servir de soporte para ayudarnos en la vida cotidiana, pero para ello, tenemos que aprender a utilizarlos a nuestro favor.

Si tenemos una mala educación emocional, ocultaremos estos sentimientos y como consecuencia tendremos graves problemas. Un ejemplo de cómo afecta esconder nuestras emociones y no manejarlas adecuadamente son los vicios. Un vicio es un hábito que se lleva a cabo por la necesidad de enmascarar alguna emoción. El dolor causa un malestar y, con el fin de evitarlo, nos aferramos a una actividad especial o generamos un apego desmedido por algo. Un vicio nace por la incapacidad de dejar fluir nuestras emociones y porque, para evitar sufrir, impedimos que se manifiesten.

Los vicios mitigan el dolor o la angustia. En este sentido, hay gustos especiales que se reiteran porque fungen como un mecanismo de defensa contra lo que hace daño. Éstos pueden ser a sustancias como el café, el cigarro, las drogas o el alcohol; también pueden ser a actividades como estar en las redes sociales, comer, trabajar demasiado, etcétera. Estos gustos ocultan los verdaderos sentimientos como el miedo a estar solos, e impiden expresar las emociones o enfrentar los conflictos cotidianos.

Hay que admitirlo, todos tenemos vicios y es nuestra responsabilidad estar conscientes de ellos y corregirlos. Esto no es una tarea fácil, ya que nos aferramos a estas actividades porque aparentemente nos ayudan a defendernos de las emociones desagradables.

Las siguientes preguntas pueden ser de gran utilidad para identificar si tienes algún vicio:

- ¿Deseas estar con alguien y ese pensamiento ocupa más del 40 % de tu tiempo?
- ¿Deseas hacer algo y esa idea acapara más del 40 % de tu tiempo?
- ¿La idea de no lograr estar con alguien o hacer alguna actividad te causa una preocupación excesiva?

- ¿Tienes comportamientos encaminados a facilitarte estar con una persona determinada o hacer algo?
- ¿Has sentido que pierdes el control por no poder estar con alguien o por no poder hacer algo?
- ¿Crees que tienes una dependencia a algo?
- ¿Te sientes a gusto con tener una dependencia?
- ¿Te das cuenta que estar con cierta persona o hacer algo tiene consecuencias negativas para ti?

Debemos responder honestamente a las preguntas. No hay que preocuparnos si descubrimos algo desagradable. Estas interrogantes sirven para ser más conscientes de nosotros mismos. Reconocer nuestra vulnerabilidad es aprender a ver nuestras conductas nocivas. No hay de qué avergonzarnos. ¡Todos tenemos algún vicio!

Lo importante es estar consciente del daño que podemos provocarnos a nosotros y a los que nos rodean. Es fundamental percatarnos de las emociones que dejamos de sentir, porque cuando alcancemos a verlas seguramente ayudarán a arreglar ese pedacito de la realidad que no podíamos ver con claridad y que se ocultaba con el vicio.

Los vicios ocultan
las verdaderas emociones.

Venimos solos y nos vamos solos

Reflexionar sobre la soledad nos hace cuestionarnos sobre el sentido de la vida. El camino que recorremos está hecho para cada uno de nosotros, a veces se puede compartir con los papás, los amigos, una pareja o con los hijos, pero definitivamente todos ellos pueden faltar. Si todas las personas con las que compartimos la vida se fueran, nos quedaríamos solos, cada uno en nuestro respectivo camino. Entonces, surge la pregunta: ¿de qué se trata la vida? La respuesta es que se trata de vivirla solos.

Los momentos de soledad caracterizan la vida humana. La soledad puede verse como una moneda de dos caras. La cara positiva tiene que ver con el crecimiento personal y espiritual. En soledad somos capaces de encontrarnos con nosotros mismos, de conocernos, reflexionar, meditar, encontrar paz interna, tener nuevas ideas y el impulso creativo de la calma. La soledad es un momento de enorme intimidad con nosotros mismos que nos permite crecer. La cara negativa viene de su mal entendimiento, el cual a menudo tiene que ver con considerarla como si fuera un vacío. Podemos llegar a creer que no somos amados o útiles y que por eso estamos solos. El aislamiento nos perturba y causa miedo, y este último comienza a distorsionar la interpretación de la realidad e, indudablemente, se convierte en tristeza. La mayoría de las personas que acuden a sesiones de desarrollo personal afirman: "Mi peor miedo es quedarme solo"; sin embargo, a la luz de estas reflexiones podemos interpretar que esta frase quiere decir en realidad lo siguiente: "Mi peor miedo es encontrarme conmigo mismo".

La soledad es un espacio
para conocer nuestra esencia.

Temer a la soledad nos impide tener un espacio de crecimiento personal. En la actualidad, estar con nosotros mismos es visto como una pérdida de tiempo, además de que se piensa que es una condición dolorosa.

Aunado a lo anterior, la sociedad utiliza el aislamiento como un castigo. Por ejemplo, a los niños cuando se portan mal se les manda a ir solos a su habitación. A los presos indisciplinados se les confina en las celdas de aislamiento. Lo mismo ocurre en los hospitales psiquiátricos o en centros de tratamiento de adicciones. Es así como la soledad suele ser percibida como algo que no se debe experimentar.

Entonces, para evitar la soledad y casi sin darnos cuenta, empezamos a maquinar una serie de estrategias. Las siguientes son las formas más comunes que ensayamos para no estar solos.

Manipulación. Es cuando se busca influir en las acciones y las emociones de otros mediante infundir, implantar o sugerir ideas ajenas a ellos. La manipulación puede desarrollarse en cualquier tipo de relación interpersonal, ya sea familiar, laboral o de pareja.

Chantaje. Ocurre cuando por medio de la amenaza de quitarle a alguien el afecto, la compañía o un bien, se obtiene algún favor o se le obliga a actuar de una manera determinada.

Poder. Cuando se aprovecha una posición superior o una jerarquía para que un individuo o grupo obedezca o actué a nuestro gusto. Es decir, las personas se ven coaccionadas por nosotros para quedarse a nuestro lado.

Sacrificio. Es cuando una persona se muestra empática y solidaria en exceso. Esta acción es axagerada porque un individuo que abandona sus propias necesidades emocionales para resolver de manera compulsiva los problemas de los demás y cubrir las necesidades emocionales ajenas.

Apego. Es un vínculo afectivo intenso y duradero. Su característica principal es que se intenta prolongar incluso cuando ya no hay condiciones para que exista. Las personas que tienen un apego tienen muchas dificultades si el vínculo termina.

Estas actitudes reflejan que estamos buscando o intentamos mantener desesperadamente la compañía de otros. Esto significa que, a marchas forzadas, buscamos continuar con la sensación de seguridad.

Estar rodeado de personas debe ser un espacio para compartir lo que somos, tiene que posibilitar el aprendizaje y el crecimiento personal. Pero esto debe estar en equilibrio con los espacios de soledad. Al final de cuentas, si no sabemos estar con nosotros mismos, no lograremos autoconocernos y ser felices.

El siguiente recuadro es un resumen de lo que hemos estudiado hasta el momento.

La esencia de lo humano consiste en reconocer que somos seres:	El estado de sufrimiento se muestra cuando:
Limitados	Controlamos, juzgamos o criticamos.
Responsables	Culpamos a otros por nuestra condición.
Vulnerables	Padecemos enfermedades físicas o emocionales, o tenemos vicios.
Que viven en soledad	Manipulamos, chantajeamos, ejercemos poder, nos sacrificamos o nos apegamos.

El trabajo que nos queda ahora es aceptar nuestra esencia como seres humanos. Pero ¿por dónde hay que comenzar? La siguiente tarea nos servirá para darle respuesta a esta pregunta, reflexionar y acercarnos más a nuestra esencia.

TAREA

Hasta este momento ya hemos avanzado mucho, ahora cuentas con las herramientas conceptuales para analizar los estados de sufrimiento que puedes tener. Elige un día, mañana por ejemplo, y haz un trabajo de conciencia de tus emociones y de tus experiencias para que puedas identificar en qué momentos caes en algún estado de sufrimiento.

El siguiente ejemplo te servirá para identificar la esencia a la que corresponde tu conducta y encontrar el aspecto sobre el que debes trabajar. El cuadro en blanco que aparece después, está ahí para que lo llenes con tus propias experiencias.

Evento que causa sufrimiento	¿Por qué lo causa?	¿En qué estado de sufrimiento caes?	¿A qué esencia corresponde?
Me siento mal con mi trabajo porque es demasiado.	No gano lo que merezco por mi carga de trabajo.	Mi jefe es injusto conmigo. Me siento una víctima de su falta de reconocimiento.	Responsabilidad.
Ya no paso tanto tiempo con mi pareja y eso me hace sentirme inseguro de nuestra relación.	Ha estado trabajando hasta tarde últimamente.	Deseo controlar el tiempo que mi pareja dedica a sus actividades.	Somos seres limitados.
En la tarde tengo una junta complicada con mi jefa.	No estoy seguro de mi trabajo, me siento ansioso.	Genero un vicio que sirve para aliviar el estrés	Vulnerabilidad.
Discuto fuertemente con mi pareja y me dice que se irá de casa. Yo le respondo que moriré si se marcha.	Temo que termine la relación con mi pareja.	Para conseguir que no me deje me valgo del chantaje.	Soledad.

Analizar en cuál estado de sufrimiento caes más veces en un día o cuál es el que te ha causado más pesar es sumamente útil, ya que la esencia de lo humano que le corresponde es un claro indicio de hacia dónde hay que encaminar el trabajo personal. Ahora te toca llenar el siguiente cuadro a partir de tus experiencias personales.

Evento que causa sufrimiento	¿Por qué lo causa?	¿En qué estado de sufrimiento caes?	¿A qué esencia corresponde?

¡Haz conciencia!

Cuando negamos u olvidamos nuestra esencia como humanos, caemos en un estado de sufrimiento. Sin embargo, en la medida en que aprendamos a aceptarnos, dejaremos de forzarnos y de estar en constante tensión. Éste es el punto de partida para trabajar en nuestro desarrollo humano.

¿Cómo pasar de un estado de sufrimiento a aceptarnos como humanos? Tenemos que entender que, de manera instintiva, buscamos sentirnos seguros y alejarnos del temor y de las preocupaciones. Este punto hace evidente que no aceptamos las limitaciones que tenemos. También buscamos evitar el dolor y el sufrimiento, con ello no comprendemos que somos seres vulnerables; asimismo, queremos evadir las consecuencias indeseables de nuestros actos, aunque esto implique que no estamos siendo responsables. Finalmente, tememos perder el afecto, la compañía y la aceptación de los demás porque no asumimos que al final de cuentas estamos solos.

Nuestra seguridad no está fuera de nosotros ni en los demás, sino en nuestra esencia, dentro cada uno. Entonces, la respuesta a cómo vamos a pasar de un estado de sufrimiento a aceptarnos como humanos, radica en encontrar un estado emocional que nos permita vivir en equilibrio y alcanzar la tranquilidad para el día a día. Este estado emocional es la *confianza*.

La confianza en nosotros mismos es una habilidad que tenemos que aprender, es como un músculo que se debe entrenar. Tenemos ese poder que sustenta nuestra esencia humana y que habita dentro de nosotros.

PASO 2
Estado físico

En estos momentos ya estamos conscientes de que sufrimos y cuándo lo hacemos. También entendemos que es primordial empezar a aceptar las limitaciones que tenemos como seres humanos. Ahora es importante comenzar un ejercicio de reflexión que ayude a entender el camino de la sanación. El paso que nos ocupará ahora es poner atención en el cuerpo y aprender a leer sus señales.

Existe la idea popular de que el cuerpo es el vehículo del alma, el contenedor del espíritu. Sin comprometernos con una visión en particular de este punto y aunque parezca obvio, no está mal señalar que tenemos un cuerpo que nos permite vivir e interactuar con el mundo y con otras personas. Gracias a él podemos percibir y conocer el entorno, experimentar sensaciones, emociones y ganar experiencias.

El cuerpo también tiene otra función: actuar como un sistema de comunicación entre el *yo interno* y el *yo externo*.[1] El

---

[1] En este libro llamaremos *yo externo* a la cara que damos al mundo, a la manera en cómo nos comunicamos con el entorno, con nuestros amigos, familiares y con la gente en general. Esta esfera

cuerpo utiliza un lenguaje propio para avisar que hay una avería o un desajuste cuando las cosas no andan bien con nuestro *yo* interno. Este lenguaje se expresa con dolores, malestares físicos y con los síntomas de distintas enfermedades.

Estar conscientes de los síntomas
y las enfermedades que padecemos
es una manera de trabajar en nuestro
desarrollo personal.

Lo primero en lo que tenemos que fijarnos es en nuestro cuerpo, porque él tiene maneras de explicarnos qué ocurre en nuestro interior. Tenemos que aprender a escucharlo y descifrarlo. Los malestares físicos que nos causan dolor tienen una contraparte psicológica, algo que no anda bien en nuestra mente o nuestra alma. Necesitamos empezar con un ejercicio de introspección para averiguar qué está pasando en lo más profundo de nuestro *yo*.

---

exterior se contrapone al *yo interno*, que podemos entender como aquella fuerza dentro de nosotros que nos empuja y nos da energía para actuar. En este sentido, nos referimos a nuestras pasiones, temores e inclinaciones, una gama de emociones que, consciente o inconscientemente, está detrás de nuestros actos. (Anna Freud, *El yo y los mecanismos de defensa*, Barcelona, Paidós Ibérica, 1980.)

> Si prestamos atención
> a los síntomas, nos daremos cuenta
> que nuestro *yo* interno nos está dando
> indicaciones de lo que
> hay que sanar.

Pensemos esto con una analogía:[2] cuando un auto enciende los focos de advertencia en el tablero muestra que hay alguna falla en el sistema eléctrico o en el motor, pues fue diseñado para advertirnos que tenemos que parar. De alguna manera, la comunicación entre nuestro *yo* interno y externo es semejante. Mediante las manifestaciones que ocurren en el cuerpo, los síntomas, nos damos cuenta que nuestro *yo* interior está dañado, descompuesto o enfermo. Cuando nos enfermamos, nuestros padecimientos son ese foco en el tablero del coche que nos indica que hay algo que perdió el equilibrio. El motor del auto es como nuestro *yo* interno, que necesita ser analizado y revisado. Lo más razonable en este caso es hacer un alto en el camino, buscar la causa más profunda de los males y hacer lo posible por sanarlos.

Si llevamos el auto con el mecánico y le pedimos que resuelva el problema, seguramente comenzará a revisar la maquinaria para encontrar dónde está la avería. Si sólo desconectara algún cable para que el foco del tablero se apague, pensaríamos que es un charlatán y no nos sentiríamos tranquilos

---

[2] *Cfr.* Thorwald Dethlefsen y Rüdiger Dahlke, *La enfermedad como camino: un método para el descubrimiento profundo de las enfermedades*, México, De Bolsillo, 2009.

para seguir en el camino. Apagar el foco solamente es una manera de pasar por alto el estado del coche. En nuestro caso, si nos duele la cabeza todas las mañanas y tomamos un analgésico, el dolor desaparecerá, sin embargo, la causa sigue ahí. ¿Nos quedaríamos tranquilos sabiendo que sólo ocultamos el malestar, pero que seguimos enfermos?

¡Claro que no! Es absurdo tratar de curarnos solamente suprimiendo los síntomas sin atacar de verdad la enfermedad. Lo que debemos hacer es detectar la causa del mal y actuar para curarnos.

Las enfermedades tienen un factor psicológico determinante. Si queremos descubrir qué es lo que nos señala el síntoma, tenemos que apartar la mirada de él y buscar a fondo en nuestra conciencia. Hay que ir más allá y encontrar la causa interior. Los síntomas no son nuestros enemigos y su eliminación no debe ser el mayor objetivo. La realidad es que son nuestros aliados porque nos guían para vencer el desequilibrio que padecemos.

Escala de malestares físicos

Si no atendemos los males del *yo* interno, enfermaremos y estos padecimientos se incrementarán paulatinamente hasta tener consecuencias terribles. Hay una escala de malestares[3] que van desde los más sencillos hasta los más severos, y que se acompañan de ciertos síntomas. Conocer cada uno de estos niveles ayudará a prevenir enfermedades y a buscar la solución más rápidamente.

---

3 *Ibidem.*

La escala consta de seis niveles progresivos, que son los siguientes:

1. Presión psíquica.
2. Trastornos funcionales.
3. Trastorno físico agudo.
4. Trastornos crónicos.
5. Procesos incurables y alteraciones orgánicas.
6. Muerte.

Presión psíquica

Son aquellas sensaciones en el cuerpo que aún no se llegan a manifestar como dolores o molestias físicas. Por ejemplo, el mal humor, la falta de paz interior o la pérdida de la confianza; también está el rencor, la falta de sentido de la vida o la ausencia de realización personal.

A veces presentimos que algo no anda bien, nos sentimos ansiosos o con presión en el pecho. En este primer momento el cuerpo está avisando que hay algo que le incomoda. Sin embargo, por lo regular optamos por darle la vuelta, minimizar nuestro estado y decir o pensar que "no pasa nada".

Ésta es la primera manifestación en la escala de malestares, y tenemos que atender a nuestro cuerpo y a nuestro *yo* interior para evitar los siguientes niveles y sus complicaciones.

Trastornos funcionales

Ocurren cuando el desequilibrio interno se vuelve un síntoma frecuente que tiene una manifestación clara en el cuerpo. Por ejemplo, nos duele la cabeza, pero en este punto todavía nos resulta extraño que duela y preferimos relacionarlo con alguna causa del medio ambiente como la insolación, la falta de agua para beber o con la contaminación ambiental. Entonces pensamos en tomar algo para remediar de inmediato el malestar, como un par de aspirinas. No obstante, no estamos escuchando lo que el *yo* interno quiere decir, sólo nos deshacemos del síntoma que causa molestia, sin llegar a la verdadera causa del malestar.

Trastornos físicos agudos

Si no hacemos caso del síntoma, éste se presentará de manera repetida. Aunque sea un malestar leve, es posible que se agudice de pronto. Un mal día ese dolor de cabeza que experimentamos cotidianamente se transformará en una migraña. El dolor de cabeza se volverá incapacitante, hará que tengamos que salir del trabajo y recluirnos. Si no contamos con educación en emociones, nos parecerá extraño que nuestro cuerpo actúe de esa manera. A pesar de que ya estamos conscientes de nuestros malestares y en algunos casos los atendamos, seguimos sin poder explicarnos por qué se presentan súbitamente de manera fuerte. En esta etapa, a pesar de tratar el dolor, no hemos llegado a su causa y aún tenemos el desajuste de nuestro *yo* interno.

Pensemos un poco, ¿merecemos pasar los días con malestares, aunque éstos sean leves? Obviamente no, por ello hay que detener el progreso de las enfermedades y hacer un trabajo psicológico desde el principio.

Trastornos crónicos

Se llama de esta manera al síntoma cuando se repite durante un tiempo considerable. Puede aparecer como una manifestación leve o de manera aguda, pero siempre está con nosotros. Ya hasta sabemos la periodicidad con la que se presenta, entendemos que una vez al mes nos dará migraña y que nos duele la cabeza cada tercer día.

En esta etapa, incluso conocemos cómo se manifiestan los síntomas. En casa todos saben que no estaremos disponibles por algún tiempo. El síntoma se vuelve tan cotidiano que se convierte en un compañero de vida. Nuestras actividades ahora se dirigen hacia él; intentamos hacer llevadero el mal, pero la dinámica del día a día cambia porque en el centro está el síntoma.

No permitamos que esto suceda, la vida es para vivir experiencias y convivir con los que queremos, no para estar enfermos.

Procesos incurables y alteraciones orgánicas

Esto sucede cuando nuestro cuerpo ya tiene signos notables de deterioro por padecer los síntomas de manera crónica. Después de varios meses o, incluso, años de tener molestias, es cuando por fin decidimos acudir con un especialista, descubrimos entonces, que ya hay daños irreversibles. Siguiendo con el ejemplo, las alteraciones orgánicas serían un tumor en la cabeza. Si se llega a estos niveles es porque nunca hicimos caso al *yo* interno y ya a estas alturas el problema es verdaderamente grave. Este padecimiento se junta con que tenemos pocas energías para pensar en una alternativa, y con los diagnósticos que nos hacen creer que ese estado de salud es algo que no podemos ni evitar ni reparar; se convierte en una condición para vivir.

Muerte

Ésta puede ser la escala más alta de daño causado no haber atendido el cuerpo y a las manifestaciones del *yo* interno. Sobre ella solamente queda decir que debemos evitar que llegue precipitadamente. La salud es un bien maravilloso que debemos conservar.

Cuida tu salud, aprende
a escuchar tu cuerpo.

¿Cuándo será el momento en que estemos dispuestos a atender las señales que manda nuestro yo interno?

Lo ideal, por supuesto, es poder entender los síntomas desde las primeras señales, de manera que la curación pueda ser mucho más fácil y rápida. Sanar y mantener la salud requieren de un trabajo emocional, pero éste no es el único. Acudir al médico a tiempo y atender sus indicaciones es fundamental para sanar y tener bienestar.

Hace algunos años se me rompieron los ligamentos, el cartílago y los meniscos de la rodilla izquierda. Esta lesión no iba a sanar sólo con entender el mensaje del *yo* interno. Si hubiera sido así, a la fecha estaría sin mover la pierna. Es fundamental tener una sanación conjunta; es necesario sanar tanto la causa emocional como la manifestación física de la enfermedad. Si solamente buscamos una cura clínica, no podremos estar en un estado de equilibrio.

Recomendaciones para entender el lenguaje de los síntomas

Los síntomas tienen un lenguaje muy particular. Para que podamos realmente ponernos a trabajar en la causa de nuestra enfermedad y curarnos, sólo necesitamos aprender el idioma de nuestros síntomas. A continuación se presentan tres recomendaciones para que podamos aprender y entender el lenguaje de nuestros síntomas:

Ver siempre más allá de las causas aparentes

Siempre que nos enfermemos, o nos hagamos conscientes de algún síntoma hay que preguntarnos: "¿Qué me estará queriendo decir mi cuerpo?" Hemos sido educados de manera que es más fácil atribuir las enfermedades a factores externos. Por ejemplo, ante una infección en la garganta, pensamos que ocurre porque el ambiente es frío o porque convivimos con alguien enfermo que nos contagió. Sin embargo, lo que realmente hay que preguntarse es: "¿Por qué nuestro sistema inmunológico estaba tan débil que dejó entrar la infección?" La enfermedad en la garganta sólo se aprovechó de un ambiente que le permitió crecer. A veces decaer en el momento de una situación desfavorable es síntoma de que nuestro cuerpo ya no estaba funcionando de manera normal.

Analizar el momento de la aparición del síntoma

Es necesario indagar acerca de la situación personal, los pensamientos, fantasías y sueños que tenemos cuando aparece un síntoma. No hay que olvidar tampoco los acontecimientos y noticias que ocurren cuando un malestar aparece.

Esto es básico. Muchas veces, los síntomas nos llegan cuando atravesamos por un acontecimiento importante o fuerte en nuestra vida. Muchas veces, esta aparición viene de la mano de algún miedo que teníamos anteriormente y no había emergido porque nunca habíamos atravesado una situación que lo hiciera cercano y lo detonara.

Para ilustrar este punto, está el caso de Lorena, una chica recién casada y sumamente angustiada. Desde el momento en que recibió el anillo de compromiso, empezó con ataques de ansiedad, aunque en un primer momento ella creía que padecía una enfermedad física. Llegó la boda y por su estado de salud no pudo disfrutar la fiesta, y debido a la escalada de sus ataques de pánico, tuvieron que cancelar el viaje de luna de miel. Cuando Lorena llegó a sus sesiones estaba muy angustiada, pues creía que sus ataques de pánico y su estado general de ansiedad se debían a que se había equivocado con la decisión de casarse. Sin embargo, después de analizar la relación entre los ataques y el momento en que aparecieron, descubrió que sus conclusiones no tenían nada que ver con la verdadera causa de su mal. La boda y la idea del matrimonio en general sólo fueron la gota que derramó el vaso de su ansiedad. Considerando su historia personal, resultó que el divorcio de sus padres le había dejado un profundo temor y ella pensaba que su matrimonio, al igual que el de ellos, no funcionaría. Su *yo* interno le decía que no tenía resuelta su relación con la idea del matrimonio. Entonces, el camino a seguir era tratar de reconciliarla con sus propios pensamientos sobre las relaciones, el compromiso de casarse y la vida en pareja. Después de ello, su ansiedad desapareció y pudo comenzar su vida de casada con su esposo de manera más tranquila y feliz.

Analizar la relación entre el síntoma y su propósito

Para lograr encontrar la relación que existe entre el síntoma y el propósito por el que aparece, es necesario responder las siguientes preguntas: ¿cuál es la función del órgano donde se encuentra el síntoma? ¿Este síntoma impide hacer alguna actividad? ¿Este síntoma impone un comportamiento particular?

Pensemos, por ejemplo, en el caso de la migraña. El dolor se encuentra en la cabeza y el propósito de ésta es pensar. Este padecimiento impide pensar, estar conscientes y activos. La migraña obliga a la persona que la padece a encerrarse en un cuarto, sola, con la luz apagada y sin querer tener contacto con nadie.

¿Por dónde va lo que el *yo* interno quiere decir en este ejemplo? Él quiere decir: "Para de pensar; te estás dando muchos topes contra la pared". Este *yo* interno está pidiendo al externo que se detenga por un momento y, aislado y en silencio, se dé tiempo y espacio para la reflexión.

Aunque al principio parece difícil interpretar los síntomas del cuerpo, es algo que puede ser natural. Hacer el análisis de la manera más sencilla y básica suele ser muy útil. Por ejemplo, por lo general se cree que morderse las uñas es señal de nerviosismo o inseguridad, pero esta interpretación no es del todo exacta. Pensemos primitivamente: ¿para qué sirven las uñas? En los animales salvajes, sirven para atacar, desgarrar o defenderse, es decir, tienen que ver con actos agresivos. Siguiendo esta línea de ideas, ¿qué pasa cuando nos mordemos las uñas? Nos despojamos de esta herramienta y ya no podemos agredir.

Cuando los hermanos menores nacen, muchos niños pequeños se muerden las uñas. Están enojados por no ser más el único centro de atención de sus padres y por el temor a ser reemplazados, no obstante, de manera primitiva e inconsciente se muerden las uñas para no hacer daño a su hermanitos.

Hoy en día hay muchísimos diccionarios[4] que te ayudan a interpretar el significado de tu enfermedad o de tus síntomas. Y aunque son un aliado muy útil y es verdad que hay significados comunes, nunca hay que perder de vista que los seres humanos somos diferentes uno del otro y que, aunque el síntoma nos lleve hacia un camino similar, cada uno es el único que puede interpretar el mensaje de nuestro *yo* interno correctamente y, en consecuencia, elegir el camino que necesita tomar para sanar.

Por último, recuerda que el cuerpo nos conecta con la realidad. Nos permite captar el mundo que nos circunda por medio de los sentidos para después interpretarlo con la mente. De tal forma que si el cuerpo está enfermo o descuidado, la sensibilidad se alterará naturalmente. Es como un celular roto, que no permite escuchar el timbre de las llamadas. Para que la comunicación con el mundo exterior y con el interior sea buena, hay que cuidar nuestro cuerpo.

---

[4] *Ibidem.*

TAREA

1. Por favor, responde las siguientes preguntas, mismas que te ayudarán a encontrar tus síntomas:

¿Duermo bien?	SI	NO
¿Despierto cansado?	SI	NO
¿Mi apetito es adecuado?	SI	NO
¿Mi alimentación es saludable?	SI	NO
¿Tengo trastornos en la digestión?	SI	NO
¿Tengo dolores musculares?	SI	NO
¿Me siento con debilidad?	SI	NO
¿Funciona bien mi sistema nervioso?	SI	NO
¿Me siento de buen ánimo?	SI	NO
¿He tenido enfermedades infecciosas con frecuencia?	SI	NO
¿Mi sistema inmune funciona bien?	SI	NO

2. Escribe una línea de tiempo en donde expongas cuáles han sido los síntomas que más se han repetido a lo largo de tu vida.

De cero a 15 años de edad:

_____

_____

_____

_____

De 15 a 30 años:

_____

_____

_____

_____

De 30 a 45 años:

_____

_____

_____

_____

De 45 a 60 años:

_____

_____

_____

_____

Después de los 60:

_____

_____

_____

_____

3. Con base en la información de este capítulo y con los síntomas que enlistaste en los puntos 1 y 2, ¿cómo interpretas ahora tus enfermedades y tus síntomas? ¿Qué te quiere decir tu *yo* interno?

_____

_____

_____

_____

_____

_____

4. Recuerda, por favor, ¿cuándo se manifestó el síntoma? ¿Dónde apareció y cuál es el propósito de ese órgano? ¿Qué te impide hacer el síntoma? ¿Qué te impone el síntoma?

_____

_____

_____

_____

_____

_____

5. Identifica qué tan saludables son tus hábitos. Señala en el siguiente cuadro si el consumo de las siguientes sustancias es bajo, medio o alto.

Sustancia	Consumo bajo	Consumo medio	Consumo alto
Azúcar			
Harina			
Sal			
Tabaco			
Alcohol			
Drogas ilícitas			

6. Finalmente, responde de forma sincera las siguientes preguntas:

¿Llevas una dieta saludable?	SI	NO
¿Haces ejercicio regularmente?	SI	NO
¿Estás dispuesto a cambiar tus hábitos para cuidar mejor tu estado de salud?	SI	NO

Del 1 al 10, ¿cómo calificarías el cuidado que le das a tu cuerpo?

1	2	3	4	5	6	7	8	9	10

Haz conciencia!

Después de esta tarea, espero que te hayas dado cuenta que tu cuerpo requiere de una larga lista de cosas pendientes por hacer. Estas cosas serán un claro indicio de hacia dónde debes de apuntar en tu trabajo personal.

PASO 3
Estado emocional[5]

Hemos llegado a uno de los pasos más relevantes: el trabajo emocional. Este trabajo es muy importante porque nuestra vida emocional es sumamente rica, ya que tenemos una amplia gama de sentimientos y todos ellos tienen una razón de ser. Las emociones tienen una función doble: por un lado, sirven para conectarnos con el medio que nos rodea; pueden ser reacciones a cosas que suceden en el exterior y nos hacen actuar frente a estas situaciones. Por el otro lado, nos conectan con nuestro interior porque nos enseñan cómo la mente interpreta esa realidad subjetiva.

Tenemos cinco emociones primarias que, así como los colores, se pueden mezclar entre sí y crear todas las demás.[6] Estas emociones primarias son el miedo, la tristeza, el enojo, la alegría y el afecto.

---

[5] *Cfr.* Myriam Muñoz Polit, *Emociones, sentimientos y necesidades. Una aproximación humanista*, Araucaria, 2009.

[6] Al final del libro se presenta un apartado que explica más a detalle la combinación de las emociones primarias.

Lo más importante de ellas es que todas son útiles en algún momento. Olvidemos la idea de que para controlarlas hay que ocultarlas o ignorarlas; para sacarles el mayor provecho, hay que aprender a utilizarlas a nuestro favor y manejar su intensidad. No olvidemos que ellas son energía dentro de nosotros. Cada emoción tiene una fuerza particular que debemos aprender a usar, si no lo hacemos, tarde o temprano, terminará jugando en nuestra contra.

Miedo

Sentimos miedo cuando desconocemos la situación a la cual nos enfrentamos o cuando alcanzamos a ver o intuir que algo podría lastimarnos. El miedo es la reacción natural ante un posible peligro, sirve como advertencia sobre una situación de amenaza y para protegernos, ya que nos dice si es necesario defenderse o huir.

Con esta emoción pasa algo muy particular. Por un lado, existe un miedo que viene de una situación externa, real, por ejemplo, encontrar un perro rabioso en el camino, sentir que podemos perder el empleo o pensar que nuestra pareja nos va a terminar. Estos miedos corresponden a un peligro que existe en la realidad y que compromete nuestra integridad y estabilidad física y emocional.

Por otro lado, existe un miedo más complejo, que no viene de un peligro para nuestro cuerpo. Es un miedo que cuando lo analizamos resulta que es creado por nuestra mente, este temor no es real. Uno de los más comunes es el miedo al fracaso. En este caso, hay que preguntarse: ¿es real tener miedo a fracasar?, ¿qué significa el fracaso para cada uno de nosotros?,

¿de quién depende el fracaso? Después de analizar, encontraremos que las respuestas son particulares, y que dependerán de lo que cada quien crea y de su experiencia previa.

¿Cómo utilizar el miedo a favor?

Lo primero que hay que hacer es analizar si el miedo es real o es un temor creado en la mente. Si corresponde al último caso, entonces hay que buscar su significado y raíz. La idea es encontrar qué escondemos con ese miedo.

Usemos el ejemplo del miedo al fracaso. ¿Qué hay detrás de esa idea? Cuando no alcanzamos las metas que nos proponemos, entonces, más que sentir que no somos capaces de triunfar, el verdadero temor es sobre lo que digan los demás. Es cierto, si no somos como los otros quieren que seamos, nos van a señalar y juzgar. Si analizamos con cuidado, vamos a caer en cuenta que no le tenemos miedo a fracasar, sino a la opinión que los otros tengan de nosotros y a no encajar con su idea de éxito.

Este miedo creado por la mente casi siempre sirve de mecanismo de defensa. Por ejemplo, está el caso de Luis, él tenía 29 años, era muy inteligente y trabajaba en una empresa muy reconocida. Cuando llegó a terapia fue porque temía que lo secuestraran los extraterrestres. Era tal su miedo que empezaba a ser incapacitante, ya no podía caminar por las calles sin llevar un paraguas que lo protegía, según él, de ser aspirado por los extraterrestres. Pensemos, ¿era real su miedo? La respuesta es sencilla: no, no es un miedo real.

La tarea que teníamos que hacer era descubrir qué había detrás del miedo a los extraterrestres. Después de seguir una terapia semejante a la que propone este libro, descubrimos que el origen del trastorno de Luis se originó en su infancia cuando sus padres se divorciaron. Resulta que cuando su papá sacó sus cosas de la casa, su mamá le puso una película de marcianos para distraerlo. Para el pequeño era tan dolorosa la partida del papá que su mente prefirió utilizar el temor a seres de otro mundo en vez de afrontar el miedo de perder a sus seres queridos, ser abandonado y estar solo.

En casos semejantes al anterior, la amenaza no es un peligro real, no existe algo que ponga en peligro la integridad física. Los miedos que no están en la realidad generalmente provienen de experiencias que nos causaron mucho daño en el pasado.

Hay que transformar nuestros
miedos irreales y encontrar su raíz.

Cuando logramos transformar los temores irreales en reales, es decir, una vez que se ha identificado el objeto del miedo, la mejor herramienta para enfrentarlo es la experiencia previa. Hay que preguntarse ¿qué dicen nuestras experiencias acerca de cómo actuar ante los temores?, ¿cuál es la mejor manera de enfrentarlos?, ¿cómo podemos evitar ser lastimados?, o ¿cómo le han hecho los demás cuando se enfrentan a un peligro?

Si hay un perro rabioso en la calle, lo mejor es llamar al antirrábico para que venga por él antes de exponerse al peligro. Si tememos perder nuestro trabajo, lo ideal es hablar con el superior, exponer la situación y preguntar cómo ha sido nuestro desempeño. Si pensamos que nuestra pareja nos va a cortar porque no nos ha llamado en días, hay que intentar hablar cara a cara y preguntar qué pasa. Si tenemos miedo al qué dirán, hay que fijarnos más en nuestras necesidades que en las de los demás. Si hay temor de que los seres queridos nos abandonen, lo mejor es establecer una relación de confianza y comunicación para enfrentar las situaciones que pasen en un futuro.

Si después de realizar lo anterior, seguimos sintiendo miedo, entonces no estamos utilizando esta emoción a favor. El miedo se deja de sentir cuando hicimos lo correcto para protegernos del peligro.

Considera la figura 1 que esquematiza y resume los puntos que se han tratado hasta ahora para el manejo del miedo.

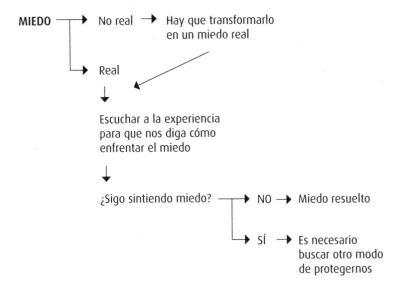

Figura 1. Cómo utilizar el miedo a favor

El miedo es la señal que indica
que debemos tener cuidado
y estar alerta.

La energía del miedo

Podemos comparar la energía del miedo con la grasa. En el momento en que existe un peligro real, la energía es como si fuera grasa hirviendo que recorre nuestro cuerpo con la intención de movernos y protegernos. Pero si no la usamos, se enfría y se hace dura. Si permitimos que esto suceda continuamente, será como si acumuláramos grasa solidificada encima. Si seguimos así, llegará el momento en que quedaremos paralizados ante una situación verdaderamente peligrosa.

Lety, una chica de 20 años, se exponía a situaciones muy riesgosas cuando conducía su auto. Manejaba a exceso de velocidad, insultaba a cualquiera, utilizaba el mínimo espacio para meterse entre los coches. Era toda una cafre y por suerte aún no se había accidentado. Cuando empezaron las sesiones con ella, nos dimos cuenta que no sabía sentir miedo. Su papá, cada vez que podía le decía: "No tenga miedo mija", "Sea valiente que el miedo no sirve de nada", "¡Aviéntese!", "No sea débil", "No se acobarde". Y así, durante 20 años, ella se forjó un carácter temerario.

Después de varias sesiones, Lety se dio cuenta de que no había aprendido a identificar situaciones peligrosas, el radar que le permite distinguir lo que es peligroso de la realidad estaba apagado.

Tristeza

A pesar de que la tristeza es una emoción que a veces resulta desagradable, es una de las más útiles. Nos sentimos tristes cuando tenemos una pérdida. Para entender este concepto, podemos imaginar nuestra mente como si fuera un rompecabezas, cada pieza es un hecho o persona importante en la vida. Están las piezas que corresponden a la familia, los amigos, la pareja y el trabajo, entre otras. Cuando alguna persona importante falta, por ejemplo, si muere un miembro de la familia, no sólo se va, sino que se lleva consigo una pieza del rompecabezas y lo deja incompleto.

Ese lugar vacío se queda al rojo vivo y es necesario curarlo. La única forma de hacerlo es aceptar la pérdida. Considerando esto, podemos entender a la tristeza como la emoción que ayuda a aceptar aquellas pérdidas sufridas.

¿Cómo utilizar la tristeza a favor?

La tristeza funciona como un ciclo que empieza con la pérdida y termina con la aceptación. El primer paso para poder superar este sentimiento consiste en respetar su ciclo. Hay que aceptar que las pérdidas son una constante en la vida y que no hay nada que dure eternamente. Es duro saberlo, pero es cierto. Afortunadamente contamos con la tristeza, la cual nos ayudará a curar nuestras heridas, ya que ése es su trabajo.

La energía de la tristeza

La tristeza es como una mamá que nos apapacha y reconforta. Cuando niños, alguna vez nos caímos y raspamos alguna parte del cuerpo. Después, seguramente, llegó nuestra mamá a reconfortarnos. Pero además de sus dulces palabras, ella traía una gasa con alcohol para limpiar la herida. Naturalmente esa experiencia nos causó dolor, pero al final la herida sanó. La tristeza funciona igual, este sentimiento nos lastima, pero termina por brindar consuelo y cura.

Otra particularidad de la tristeza es que nos pone en un estado de hibernación, un modo de ahorrar energía para no gastarla en vano. Esto nos pasa porque curar una pérdida requiere de mucha energía. Esta emoción nos deprime, por eso es que no queremos salir de la cama, bañarnos ni mucho menos de salir con amigos, pero sólo así logrará que nos demos tiempo para sanar las fracturas y lesiones emocionales que tenemos.

Dejar que la tristeza haga su labor puede ser todo un reto. Tenemos una mala educación emocional que no nos permite estar cabizbajos. Un caso para ejemplificar esto es el de Pablo. Este chico terminó con su novia después de una relación de cuatro años. Esta situación lo puso muy triste, sin embargo, todos a su alrededor le decían: "Ya no sufras, no vale la pena", "Ya no llores, encontrarás a otra chica". Él decidió hacer caso a las palabras que escuchaba, en lugar de darse tiempo para sanar. Comenzó a hacer su vida normal, iba de fiesta con sus amigos y empezó a salir con otras chicas.

Así como le pasó a Pablo, es muy común para todos cortar el ciclo de la tristeza cuando aparentemente nos sentimos mejor. Como ya dijimos, la energía que produce esta emoción en realidad es para curarnos. Recuerda, la tristeza deprime nuestro sistema para que no gastar tanta energía. Pero si cortamos el ciclo y no permitimos que llegue el punto de la aceptación de la pérdida, entonces este sentimiento se queda en nuestro organismo, lo deprime y baja su energía permanentemente. Esta tristeza acumulada, con el tiempo se vuelve una enfermedad que todos conocemos: la depresión. Lo cierto es que vivimos deprimidos porque tenemos pérdidas no aceptadas.

Necesitamos aprender que la tristeza no es tan mala, es una emoción que nos permite aceptar las pérdidas. Hay que concederle tiempo para poder trabajar un proceso doloroso, y pronto llegará el instante en que ésta se irá sin avisar. Y así, un día nos levantaremos y diremos: "Estoy bien, acepto la pérdida y tengo energía para lo que venga".

Confía en la tristeza,
es una emoción reparadora.

Enojo

Firulais es el perro del vecino. Si está comiendo y nos acercamos a su plato justo en ese momento, ¿cuál será su reacción? Naturalmente, nos va a gruñir.

Nosotros también gruñimos, es decir, nos enojamos cuando pasan nuestros límites. Es una reacción natural ante una injusticia o cuando algo es fuertemente contrario a nuestros deseos. El enojo sirve para poner límites, esto es una labor importantísima porque cómo viviríamos si no los pusiéramos.

Como humanos, a veces somos controladores, culpamos a otros y no toleramos la soledad. Si unimos todas estas características, resulta que nos convertiremos en un monstruo cuya principal función es atropellar al otro. Sería desastroso si no tuviéramos una emoción que pudiera poner un límite a estos excesos, tanto los propios como los de los demás.

En el caso del enojo, también podemos distinguir dos clases diferentes. Existe un enojo real, que ocurre cuando el otro está pasando nuestros límites, sirve para protegernos y también nos impulsa a detener situaciones de atropello. Además, existe aquél que no es real, el cual viene de nuestro deseo de controlar. En este caso, cuando se frustra este ímpetu de dominar, se cae en un enojo vano. Si invertimos esfuerzo en esta emoción falsa, al final desperdiciaremos energía valiosa. Por ello, hay que tener cuidado e identificar bien cuál es el origen de esta emoción y encaminarlo hacia una circunstancia justificada.

¿Cómo utilizar el enojo a favor?

Si logramos comunicar asertivamente lo que nos molesta y rebasa nuestros límites, entonces usaremos el enojo adecuadamente. Sin embargo, poder hacer de esto es todo un arte, especialmente cuando estamos molestos. Esta emoción es energía que se transforma en agresividad; si no se usa con cuidado, puede hacernos agredir al otro, y así estaremos pasando el límite de éste. Él se enojará y será un ciclo de agresiones sin fin. Si aprendemos a comunicar lo que nos enoja, pronto veremos que nuestra convivencia cambiará para bien.

El enojo sólo es útil
si aprendemos a comunicarle
al otro lo que nos molesta.

La energía del enojo

La fuerza de esta emoción es muy potente, es como si fuera un volcán en erupción. Imagina la fuerza que necesitamos para detener a los demás cuando se sobrepasan. Si no canalizamos esta energía, será como si la lava ardiente se quedara navegando en nuestro organismo, quemándonos por dentro. Por eso, hay enfermedades que están ligadas con la ira desbordada, como la gastritis o colitis. Veamos el siguiente ejemplo.

Sara era una mujer que sufría una depresión posparto. Su esposo salía muy temprano por la mañana para irse a trabajar y llegaba en la noche después de jornadas extenuantes. Desde que había nacido su hija, hacía un mes y medio atrás, ella no dejaba de pelear con él por las noches. Todo empezaba cerca de la hora en que se suponía que su marido salía del trabajo. Cuando ella le marcaba para preguntarle a qué hora pensaba llegar, él le decía que calculaba salir a las 6:00 pm, que era su hora de salida, la cual raramente se respeta en su ámbito laboral. Las llamadas iban y venían, pero el resultado siempre era desastroso, él llegaba hasta las 9:00 de la noche a su casa.

Por supuesto que cuando su esposo llegaba, Sara volcaba toda su ira sobre él. Ella le decía que no era posible que llegara tan tarde. Pensaba que él no tenía claras sus prioridades, pues nunca se había imaginado que actuara de manera tan irresponsable. No había modo de que eso terminara bien porque él se sentía atacado y, por lo tanto, también respondía gritando.

Lo que les pasó es algo que le sucede muy seguido a todos. Nos enojamos, pero no buscamos cuál es la razón, no intentamos entender por qué los otros están pasando nuestros límites. Generalmente nos enfadamos desde el control y cuando esto pasa, agredimos al otro y sobrepasamos su límite, y lo hacemos disgustar también. Dos personas enojadas jamás van a llegar a un entendimiento.

Sara tuvo que entender su enojo para saber qué era lo que pasaba de verdad. Parecía que ella quería controlar el horario de su esposo, pero, después de la terapia, nos dimos cuenta de que estaba muy frustrada porque permanecía todo el día en casa cuidando a su hijo, el cual demandaba mucho tiempo y esfuerzo; además, ella no tenía mucha idea de cómo atenderlo porque era primeriza. Tenía un profundo miedo de estar sola y equivocarse en la crianza, también se sentía mal porque esta tarea le correspondía solamente a ella.

En el caso de Firulais, el perro del vecino, hay que preguntarse por qué gruñe cuando está comiendo sus croquetas y alguien se le acerca. La respuesta es que tiene miedo de perder su comida y está dispuesto a defenderla.

Como en los dos ejemplo anteriores, siempre que queramos encontrar por qué nos molesta que alguien sobrepase nuestros límites, tendremos que rastrear en nuestros miedos, y en ellos estará la respuesta. El enojo sólo es una barrera para que los otros no se acerquen a nuestros miedos, pues en estos últimos es donde está la parte más vulnerable de nuestra persona. Recuerda que el enojo es una emoción que sólo sirve si se logra comunicar al otro el miedo que esconde.

Detrás del enojo
siempre está un miedo.

Hay que reflexionar que haríamos frente a un perro que gruñe y que inclusive ataca. ¿Cuál sería la reacción que tendríamos? Seguro va a ser muy diferente si comprendiéramos que tiene miedo y que intenta protegerse.

Alegría

La alegría es una emoción que resulta de satisfacer las necesidades. Éstas provienen de carecer de algo. Pero el problema está en que es complicado entender lo que necesitamos realmente, es decir, identificar lo que requerimos de verdad.

Desde la biología, la vida de un organismo puede entenderse como la búsqueda constante de cubrir sus necesidades. Cuando requiere de algo de forma verdadera, cuenta con un diseño fisiológico que le permite tener aquello que satisfaga su necesidad. Esta idea puede servirnos de guía a nosotros para encontrar las necesidades más básicas e importantes.

Siguiendo a Maslow,[7] hay necesidades de distinta naturaleza. Primero están las fisiológicas como comer o dormir. Después viene la necesidad de seguridad o de sentirnos protegidos, aquí se encuentran los deseos de gozar de buena salud, tener un lugar donde vivir o un trabajo para ganar dinero. En seguida está la de afiliación, que quiere decir contar con la estima de otros. Después se encuentra la de reconocimiento de los demás, esto significa que las demás personas nos tengan respeto y confianza. Aquí también se encuentra la necesidad de tener autoestima. Finalmente, la punta de la pirámide

[7] Abraham Maslow, *El hombre autorrealizado. Hacia una psicología del ser,* Barcelona, Kairós, 1988.

está ocupada por la esfera de la autorrealización, es decir, el desarrollo personal, encontrar sentido a la vida o alcanzar la felicidad. (Véase figura 2.)

Figura 2. Pirámide de Maslow

Lo más importante en la teoría de Maslow es que cuando se cubren las necesidades más básicas, surgen otras más complejas; y que para alcanzar los niveles más altos, tenemos que resolver primero los que están más abajo. Por ejemplo, no podemos comprar una casa, que es una necesidad de seguridad, si no hemos cubierto antes un medio para resolver nuestra necesidad fisiológica de comer. Asimismo, cuando nos hace falta resolver una necesidad nos sentimos insatisfechos, y este sentimiento nos saca del equilibrio psicológico y altera nuestra vida.

La energía de la alegría

La alegría es un impulso que motiva a satisfacer necesidades cada vez más complejas y a superar las metas. Sirve para conseguir un mayor bienestar y ayuda al crecimiento personal, es útil para llegar hasta la autorrealización o la felicidad. Esta emoción es sumamente importante porque nos alienta a seguir adelante.

¿Cómo utilizar la alegría a nuestro favor?

A veces, no es fácil saber cómo canalizar esta energía, la prueba está en que gran número de personas viven infelices o se sienten insatisfechas con su vida. Esto pasa porque no entienden las necesidades y no saben cómo darles prioridad. Por ejemplo, un día llegó Rodrigo a consulta, era un joven de 32 años que tenía el propósito de dejar de fumar. Él decía que su salud iba en picada y no quería gastar tanto dinero en cigarrillos. Dejar de fumar, pensaba Rodrigo, sería algo que lo haría sentirse realmente alegre.

Comenzamos el trabajo de desarrollo humano, pero él sólo quería dejar de fumar, no realizar un trabajo profundo. Al final, prefirió tomar un curso especial para dejar de fumar. A los ocho meses Rodrigo regresó. Aunque había abandonado el tabaco, empezó a comer desmedidamente y ya tenía quince kilos de sobrepeso. Lo que pasaba es que él no había identificado cuál era su verdadera necesidad.

La razón por la cual Rodrigo fumaba y después comía en exceso era porque con esas compulsiones calmaba la ansiedad que tenía. Cuando por fin identificamos realmente qué sucedía, descubrimos que teníamos que trabajar en su ansiedad, esta última estaba causada por la continua exigencia de ser siempre el mejor. Entonces, después de resolver este problema, que era su verdadera necesidad, dejar de comer en exceso fue casi automático y nunca más fumó un cigarrillo nuevamente. Lo más importante es que una vez que se cubrió su verdadera necesidad, él pudo sentirse satisfecho consigo mismo. Lo que le pasó a este chico es algo que nos pasa a todos, nos hacemos de necesidades falsas.

Ahora, vamos a estudiar el ciclo de satisfacción de necesidades. Si éste se cumple de manera óptima, puede traernos muy buenos resultados y ayudarnos a encontrar la verdadera satisfacción. Este ciclo consiste de las siguientes seis etapas.

1. *Sensación.* Es un estímulo que proviene de los sentidos. Por ejemplo, el hambre.

2. *Emoción.* Ocurre cuando la sensación atraviesa los sentidos, se hace compleja, cobra significado y crea una emoción. El hambre genera el deseo de comida.

3. *Reconocimiento.* Esta etapa se da cuando la emoción propicia un pensamiento sobre ella misma y crea una necesidad. Por ejemplo, el deseo de comer hace que pensemos en algún alimento y que se nos antoje.

4. *Impulso.* Después de reconocer la emoción y la necesidad, inmediatamente nos preparamos para conseguir lo que queremos. En este caso, estamos dispuestos a conseguir comida de alguna forma.

5. *Acción.* La conducta tomada intenta cubrir la necesidad. Siguiendo esta línea, abrimos el refrigerador para tomar comida o vamos a un restaurante.

6. *Satisfacción.* Esta etapa se presenta cuando nuestra acción fue congruente con la necesidad, entonces se

genera una sensación de bienestar. Nos satisface haber comido.

El ejemplo de la satisfacción del hambre es muy sencillo, porque trata acerca de las necesidades básicas. Cuando nos enfrentamos a las más complejas no nos detenemos a sentir ni a reconocer de manera consciente la necesidad. Pasamos directo a los impulsos, aunque no tengamos claro cuál es la carencia que cubren. En el ejemplo de Rodrigo, él actuó desde el impulso. Quería dejar de fumar, sin embargo, no reflexionó cuál era el motivo por el que fumaba, no se hizo consciente sobre qué necesidad había detrás del cigarro.

Nuestro trabajo es detectar las verdaderas necesidades. Hacer esta reflexión nos evitará gastar energía en lo que no nos proporcionará alegrías que sean auténticas y duraderas. No hay que dejarse llevar por el impulso o por presiones sociales que nos dicen cuáles deben ser las necesidades auténticas. Es indispensable detenernos a reflexionar con sinceridad sobre qué es lo que requerimos y contrastarlo con lo que creemos desear. Es muy fácil convertir nuestros caprichos en necesidades, buscar satisfacciones temporales, y generar adicciones y enfermedades. Cuando no reconocemos necesidades reales, abrimos ciclos falsos que proporcionan complacencias temporales.

La verdad es que casi nadie tiene claro qué requiere realmente. Te invito a preguntarte si ¿en verdad necesitas un coche nuevo?, ¿un celular de última generación?, ¿un par de zapatos más?, ¿fumar una cajetilla de cigarros?, ¿casarte para realizarte personalmente o tener hijos?, ¿te has detenido a preguntarte si sólo actúas por impulso o te has dejado llevar por lo que dicen los demás?

No hay que dejarse llevar por la marea. Todos nos dicen lo que necesitamos conseguir para ser felices, pero tenemos que ponernos a pensar en lo que realmente necesitamos nosotros mismos. Hay que ser honestos, aprender a escucharnos y reflexionar sobre nuestras necesidades. Saber distinguir las que son verdaderas y hacer lo posible para que sea duradera la alegría después de satisfacerlas. Ésa es la manera para alcanzar la verdadera felicidad.

Reflexiona: ¿qué necesitas
verdaderamente para ser feliz?

Afecto

Pensemos en una amiga querida, en nuestro hermano, en nuestra madre y padre, o en nuestra pareja. ¿Por qué sentimos afecto hacia ellos? La respuesta es porque a su lado compartimos experiencias, gustos y momentos felices. El afecto nace de los aspectos que compartimos y que nos unen a los demás.

Para entender la función del afecto, entendamos primero la ley de la polaridad. El famoso símbolo del yin-yang (véase figura 3) representa la convivencia y dependencia entre los opuestos. Para que exista el blanco, debe existir el negro; para que haya luz, debe haber oscuridad; para entender la bondad, hay que encontrarse con la maldad. Este símbolo alude la oposición, pero también sugiere la aceptación de lo que es contrario a nosotros.

Figura 3. Yin-yang

El trabajo para evolucionar como seres humanos consiste en aceptar que existe una versión de nosotros, la cual no sabemos que existe y que está presente de manera inconsciente. ¿Cómo podemos aceptar que existe algo si no lo identificamos? Ahí es donde entra la función del afecto que veremos a continuación. En seguida abundaremos en este punto.

¿Cómo utilizar el afecto a nuestro favor?

Dijimos que el afecto, es una emoción que aparece cuando compartimos cosas buenas, sin embargo, también se manifiesta al compartir cosas malas. Los otros tienen, de cierta manera, esos aspectos que buscamos; por ejemplo, compartimos con los amigos valores como la honestidad porque nosotros mismos nos consideramos honestos; aborrecemos los defectos de los otros porque seguro hay una historia personal desagradable que hace que nos disgusten ciertas personas, como cuando se desprecia a los alcohólicos después de tener cerca a alguien con un padecimiento semejante.

Hay una frase que dice: *lo que te choca, te checa.* En el afecto, lo que vemos en el otro como agradable refleja lo que aceptamos de nosotros mismos; y lo que nos parece mal, es justo lo que aborrecemos de nosotros. Los otros reflejan como espejo nuestras propias características positivas y negativas.

Veámoslo de la siguiente manera: el ojo sirve para ver, pero nunca se ve a sí mismo, necesita proyectar su imagen en un espejo para poder verse. Ese espejo son los otros, así, las dificultades que tenemos con los demás, son las que tenemos con nosotros mismos. El afecto que nos une a otras personas nos permite ver estas luces y sombras de nuestra propia personalidad reflejadas en ellas y a la vez nos hace reflexionar sobre nosotros mismos.

El afecto sirve para
aprender de uno mismo.

La energía del afecto

La energía del afecto puede entenderse como miles de imanes que recorren el cuerpo. Podemos estar en una habitación llena de gente, y mirar a lo lejos a una persona y sentir el impulso de hablar con ella, esto es porque nos sentimos atraídos hacia a alguien que puede ser un espejo útil para darnos una buena lección.

El afecto también es una forma de devolver lo que nos dan los demás; no sólo ofrecemos atención y cariño, sino que los otros también nos brindan una parte de sí mismos. El afecto sirve para crear unión entre nosotros y los que nos rodean. Es una emoción que sirve para generar una fraternidad, comunidad, y aprender de los demás.

Unirse con los demás
es también iniciar el difícil camino
del autoconocimiento.

~

¿Cómo usar el afecto a favor?

Para entender cómo usar el afecto, vamos a ver el ejemplo de Mariana y Tavo. Ellos se conocieron en su primer trabajo y se enamoraron profundamente, fue amor a primera vista. Él inmediatamente se acercó a ella, le hizo la plática y todo fluyó como un cuchillo en la mantequilla. Empezaron a salir, ambos eran aficionados al boliche y les encantaba la misma música.

Ella le cayó muy bien a la mamá de Tavo, y él hizo una mancuerna inigualable con el papá de Mariana. Era una excelente relación. Así estuvieron alrededor de un año hasta que empezaron los problemas. Él notó que Mariana, debajo de esa cara angelical y esa sonrisa para toda ocasión, era bastante negativa. Cuando estaban con las demás personas ella siempre trataba de llamar la atención y, sobre todo, se percató de que siempre lo quería controlar.

Por su parte, Mariana se dio cuenta que Tavo no tenía ideales ni metas que alcanzar. En realidad, era bastante comodino, nunca expresaba sus ideas, ni sus enojos ni nada. Y ella advirtió que no soportaba un gesto particular de él: detestaba como masticaba.

Estos problemas eran bastante pasables al principio. Pero después de algún tiempo se volvieron insoportables para ambos. Cuando trataban de hablar del asunto siempre lo hacían utilizando mal sus emociones. Se atacaban entre sí, y el resultado fue que Tavo no pudo más y terminó con ella.

Ella le lloró al principio, pero al poco tiempo se fue a calmar su dolor con sus amigas, y caso resuelto.

Ya vimos que unirte en pareja es iniciar el camino más difícil, el del autoconocimiento. Ese espejo que representa tu pareja primero te mostrará lo que aceptas de ti, así como pasó con la pareja del ejemplo anterior. Pero conforme pase el tiempo, el otro empezará a perder el brillo y te mostrará lo que desprecias de ti mismo.

Justo cuando empiezan los problemas es cuando debemos estar conscientes del significado del afecto y de cuál es su función. En pocas palabras, para utilizar esta emoción a nuestro favor, debemos permanecer con los otros cuando aparezcan las dificultades. Esto servirá para reflexionar sobre nosotros mismos. Recuerda que ésta es una de las mejores maneras para acceder a esa otra cara que tenemos.

Sólo cuando se entiende
el mecanismo de proyección, se verá
el afecto con otros ojos.

TAREA

Contesta las siguientes preguntas:

1. ¿Cuáles son tus mayores temores? Haz una lista de ellos.

_____

_____

_____

_____

_____

_____

_____

2. Analiza qué te quieren decir tus miedos, ¿son miedos reales o irreales? ¿De qué te estás protegiendo?

_____

_____

_____

3. ¿Qué te tiene triste?

_____

_____

_____

4. Reflexiona: ¿tienes alguna pérdida que no hayas aceptado? ¿Te das permiso de llorar, de detenerte a ahorrar energía y a sanar?

_____

_____

_____

5. ¿Qué es lo que más te hace enojar?

_____

_____

_____

6. ¿De dónde vienen tus enojos? ¿Vienen del control o del miedo?

_____

_____

_____

7. ¿Qué necesitas para ser feliz? ¿Qué te hace sentir satisfecho?

_____

_____

_____

_____

8. Analiza si lo que anotaste realmente te hace crecer como ser humano.

_____

_____

_____

9. ¿Qué tipo de personas te caen bien? ¿Qué tipo de gente te cae mal?

_____

_____

_____

10. Si tienes pareja, puedes hacer el ejercicio con ella como espejo. ¿Qué te gusta de tu pareja?, ¿qué no te gusta?

_____

_____

_____

_____

_____

_____

_____

Utilizar las emociones

Las emociones juegan un papel fundamental en el modo como se vive una experiencia. Por ello es muy importante conocerlas y saber cómo funcionan. Tomar conciencia de ellas y saber usar su energía es muy útil a la hora de tomar decisiones. La vida emocional de cada individuo es muy compleja y por eso es indispensable que se puedan identificar las emociones primarias que se experimentan en cada circunstancia particular. No hay que olvidar que ellas no trabajan solas, sino que suelen mezclarse unas con otras. Para que esta idea quede más clara podemos considerar el siguiente ejemplo.

En una ocasión, Antonio tuvo un problema con su hijo Marco. Su relación se había deteriorado mucho, pues habían discutido porque Marco decidió estudiar una carrera profesional muy distinta de la que su papá esperaba. Eso implicaba que no seguiría administrando la empresa de la familia. Al enterarse de esta decisión, Antonio tuvo una tremenda decepción porque su hijo no continuaría con un negocio familiar de larga tradición. Ahora, ¿qué es lo que había detrás de esa decepción? Antonio sentía que su hijo le había dado la espalda y su idea de unión familiar se caía a pedazos. Esto le causaba muchísima tristeza porque pensaba que el afecto entre ambos se terminaba. Después de reflexionar, con ayuda de la metodología que ofrece este libro, entendió que había dos caminos a seguir para resolver este conflicto: Antonio podía afrontarlo desde la tristeza o desde el afecto. Tomarlo desde la tristeza hubiera significado seguir peleado con su hijo. Por eso, decidió abordar su problema desde el afecto.

Utilizar esta emoción para Antonio significó trabajar en su sombra, es decir, en sus experiencias pasadas traumáticas.

Resultó que él había tomado la decisión de estudiar administración para poder continuar con el negocio de su propio padre y este hecho le afectó inconscientemente. Por fortuna, gracias al trabajo sobre el afecto y después de que notara que estaba repitiendo el comportamiento de su papá, él pudo lograr que desapareciera la decepción que sentía y, además, superar la frustración que le causó no haber estudiado lo que realmente quería. Después de terminar sus sesiones, Antonio encontró la fuerza motora para seguir los deseos que había abandonado cuando era joven y puso un restaurante.

Es importante indagar en las emociones, como en el caso que acabamos de ver, para encontrar su verdadera naturaleza, su origen. Después de descubrir lo anterior, será más fácil encontrar una guía respecto del camino a tomar en el futuro.

Como decíamos anteriormente, lo primero que hay que hacer es encontrar las emociones que hay detrás de cualquier comportamiento. Después de haberlas identificado, es importante poder *mirar* con las cinco emociones básicas al mismo tiempo para tener una mejor visión de la realidad. Mirar desde una sola crea una visión parcial y, por lo tanto, las acciones se inclinarán a esa emoción. Reflexionar sobre cada uno de los sentimientos y escuchar lo que tienen que decir ayudará a tomar la mejor decisión.

Imaginemos que tenemos varias ventanas en la casa, si sólo vemos el panorama desde una de ellas, nada más alcanzaremos a apreciar un poco del exterior. Para ver ampliamente qué pasa afuera, hay que mirar por todas las ventanas, las puertas e incluso salir de la casa. Sucede igual con las emociones. Si utilizamos únicamente una sola emoción, tendremos una visión parcial, y por lo tanto, las acciones consecuentes estarán guiadas sólo por esa emoción.

Cada emoción permite ver un ángulo de la realidad. Si dejamos de considerar alguna, la percepción se limita. Para entender mejor cómo funciona este mecanismo, vamos a considerar el siguiente ejemplo.

Lupita había tomado la decisión de divorciarse. Cuando analizamos la situación emocional por la que atravesaba, ella se dio cuenta de que no se había detenido a sentir qué le orillaba a tomar esa determinación. Entonces, tuve que plantearle las preguntas relacionadas con las emociones básicas.

Le cuestioné: "¿A qué le teme si se divorcia?" Su respuesta fue inmediata: tenía miedo de vivir sola. En 28 años no había estado sola ni un segundo, pues siempre estuvo acompañada de su pareja, y cuando sus hijos se fueran de casa, ella se quedaría sola. Además, le pregunté: "Cuando piensa en el divorcio, ¿qué le causa alegría?" Ella contestó que, aunque sonara un poco sarcástico, necesitaba ponerle adrenalina a su relación. Ella y su esposo siempre fueron una pareja estable, pocas veces pelearon y siempre se tuvieron el uno al otro. También mencionó que necesitaba saber qué tan importante era su relación para su marido y si él lucharía por ella.

También le pregunté: "¿Qué cosa le causaría tristeza de divorciarse?" Ella confesó que perder a su compañero le afligiría mucho, con él había compartido la mayor parte de su vida y sus experiencias más significativas. Cuando le cuestioné sobre qué era lo que le hacía sentir enojada, ella admitió que estaba muy molesta porque hace poco su marido había ido a un *table dance*. Finalmente, le pregunté si todavía tenía algo que aprender de él; ella comenzó a recordar las experiencias buenas y malas, hizo un balance y reconoció que su esposo le había dado lecciones muy importantes en lo que llevaban de matrimonio y que aún tenía mucho que aprender.

Después del ejercicio, Lupita comprendió que darse tiempo suficiente para reflexionar sobre sus emociones y ver cómo éstas influyen en sus acciones, le permitiría tomar decisiones más inteligentes. Ella admitió que estaba enojada con su marido, pero que tenía muchos otros elementos positivos para conservar su matrimonio, los cuales había obviado por dejarse llevar por la energía de una sola emoción.

Reflexionar con cada una de las emociones ayuda a tomar una decisión mucho más certera.

Estructura emocional

No sólo es importante conocer las emociones primarias y poder utilizarlas todas a la vez, sino que también vale la pena conocer cómo se estructuran dentro de cada uno de nosotros. Esto es una tarea para la que hay que tener especial cuidado porque, hasta este momento de la metodología, apenas estamos aprendiendo a sentir y utilizar las emociones.

Uno de los grandes problemas de nuestra mala educación emocional es que no está bien visto que escuchemos y reflexionemos sobre nuestros sentimientos. Nos enseñaron que las emociones tienen una carga negativa. Por ejemplo, nos dijeron que tener miedo está mal porque éste paraliza. Nos hicieron creer que sentir tristeza nos hace estar con baja energía y esto nos impide trabajar eficientemente. También nos pidieron que escondiéramos alguna emoción para que fuéramos aceptados.

En muchas ocasiones, llegamos a cubrir tanto alguna de nuestras emociones que no sabemos qué hacer cuando la experimentamos. ¡Ojo! Esto no quiere decir que no nos demos oportunidad de sentir esa emoción, sino que no sabemos sentirlas y sacarles provecho. Esto da como resultado que tengamos una estructura emocional que no nos funciona para enfrentar las circunstancias de la vida. Para que puedas conocer tu estructura emocional, realiza el siguiente ejercicio:

De las cinco emociones básicas (miedo, tristeza, alegría, enojo y afecto), en las líneas de abajo enumera tus propias emociones, sé sincero y ordénalas siguiendo la jerarquía del esquema de abajo. Piensa en cómo te ven los otros; si te cuesta trabajo, podrías preguntarles cómo te consideran.

1
La emoción que
más te caracteriza

_____

3
La emoción que
te representa menos

_____

5
La emoción que sobra

_____

2
La segunda emoción
que más te caracteriza

_____

4
La segunda emoción que
te representa menos

_____

Este cuadro funciona para cualquier persona y su interpretación es la siguiente: con las emociones 1 y 2 podemos obtener lo que queramos de los demás. Con la emoción 1 se cubre la que se encuentra en la casilla 3. Con la que está ubicada en la 2 se oculta la número 4. Y la que se encuentra en el número 5 es la que no sabemos usar adecuadamente.

Este cuadro es muy importante, porque habla de nuestra estructura emocional. Nos dice cómo utilizamos las emociones y cómo ocultamos unas con otras. Entendiendo las relaciones entre los sentimientos y basándonos en esta teoría, seremos capaces de comprender mejor qué hacer con cada uno de ellos e interpretar la realidad más adecuadamente.

Vamos a ver el ejemplo de Virginia para esclarecer el punto anterior. Ella era una de mis pacientes y su estructura emocional era la siguiente:

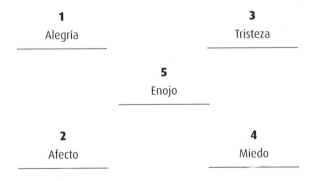

1
Alegría
_____

3
Tristeza
_____

5
Enojo
_____

2
Afecto
_____

4
Miedo
_____

Analizar la estructura emocional de Virginia nos ayudará a entender cómo funciona y, de paso, saber cómo las emociones influyen en el comportamiento de las personas.

A manera de contexto, hay que considerar que la mamá de Virginia tenía esclerosis múltiple, una enfermedad del sistema nervioso. Evidentemente, este hecho marcó mucho su realidad e influyó de forma determinante el modo con el que se vinculaba con las demás personas y en cómo vivía su día a día. Su estructura emocional puede interpretarse de la siguiente manera:

- Con la combinación de alegría y afecto, ella obtenía de la gente lo que quería. Virginia siempre tenía una sonrisa en la boca para todos y era tan afectuosa que a veces resultaba algo empalagosa.
- Su alegría cubría su tristeza. A causa de la enfermedad de su mamá, eran muchas las veces en que la familia corría a un hospital para internar a la señora. Para Virginia cada una de estas ocasiones era terrible en el fondo, pero su familia siempre le pedía que no llorara ni que mostrara tristeza, con el fin de que su mamá no se preocupara. Por eso, ella siempre entraba al cuarto con una sonrisa en la boca.
- Su afecto cubría su miedo. Virginia era hija única y siempre vivió con la impresión de que la muerte rondaba su casa. Ella sabía que más temprano que tarde iba a faltar su mamá, y que si a su papá le pasaba algo, inevitablemente se quedaría sola. Para deshacerse de sus temores, ella se volvió muy afectuosa, pues únicamente buscaba que toda la gente la quisiera y la aceptara.
- Finalmente, el enojo era la emoción que no sabía sentir de forma correcta. Si ella o su papá se enojaban, no pasaba de una descarga de adrenalina. Pero si su mamá se enfadaba, podía desencadenar un brote y ponerse la cosa bastante grave. Obviamente, Virginia no se podía enojar, porque podía ser fatal para su madre.

En la historia personal de esta chica están las razones de su estructura emocional y su interpretación de la realidad. Sus problemas serios comenzaron en su edad adulta. Como no sabía sentir tristeza, cargaba con un montón de pérdidas: las fracturas de su familia, la ausencia y, eventualmente, la muerte de su mamá. Todas estas carencias se volvieron parte de ella. No cerraba ciclos ni sanaba esos procesos tan dolorosos. Cubría su tristeza, nunca pensó en sus necesidades personales y su atención siempre estaba en los deseos de los demás.

Virginia tampoco sabía sentir miedo porque lo cubría con afecto, por ello, se ponía en situaciones peligrosas de manera innecesaria: manejaba alcoholizada y se involucraba con personas desconocidas sin precaución. Ella no tenía una sensación que le ayudará a sentir que estaba en riesgo.

Por otra parte, se aseguraba de que todos la quisieran. No importaba cómo o por qué, todos debían sentir afecto por ella. Esto hacía que Virginia se ocupara más de otros que de ella misma. Vivía a través de los demás, y eso hizo que se preocupara poco por escucharse y quererse a sí misma. Además, como tampoco sabía sentir enojo y marcar sus límites, tenía miles de tormentos encima de ella.

Las emociones nos conectan con la realidad y nos hacen actuar de manera determinada. Hasta que no hagamos un análisis personal de la propia estructura emocional, será difícil entender cómo la mente interpreta la realidad. Nuestro trabajo ahora es redirigir la energía emocional mal utilizada en el pasado e iniciar el uso correcto de nuestras emociones. Para lograrlo, vamos a seguir el ejemplo de Virginia para estudiar nuestra propia estructura emocional.

TAREA

Ahora es tu turno, te toca analizar tu estructura emocional. Para eso, es necesario que contestes las siguientes preguntas considerando tu historia personal, y que hagas un esfuerzo por darte cuenta de cómo ésta ha influido en la manera en la que sientes y expresas tus emociones.

Retoma el cuadro que llenaste anteriormente sobre el orden y la jerarquía de tus emociones. Por favor, escribe nuevamente la estructura de éstas.

1
La emoción que
más te caracteriza

_____

3
La emoción que
te representa menos

_____

5
La emoción que sobra

_____

2
La segunda emoción
que más te caracteriza

_____

4
La segunda emoción que
te representa menos

_____

Con la emoción (1) _____ y (2) _____ obtienes de la gente lo que quieres.

Con la emoción (1) _____ cubres la emoción (3) _____.

Con la emoción (2) _____ cubres la emoción (4) _____.

La emoción (5) _____ es la que no sabes usar correctamente.

Siguiendo el esquema de arriba considera lo siguiente:

1. ¿Por qué con la emoción (1) _____ y (2) _____ obtienes de la gente lo que quieres?

_____

_____

2. Piensa, ¿cómo actuaban tus papás cuando te comportabas siguiendo las emociones (1) _____ y (2) _____?

_____

_____

3. ¿Por qué la emoción (3) _____ era un sentimiento que no podías expresar?

_____

_____

4. Reflexiona, ¿cómo actuaban tus papás cuando te comportabas con la emoción (3) _____?

_____

_____

5. ¿Por qué con la emoción (1) _____ cubres la emoción (3) _____?

_____

_____

6. ¿Por qué la emoción (4) _____ era un sentimiento que no podías expresar?

_____

_____

7. ¿Cómo actuaban tus papas cuando te comportabas con la emoción (4) _____?

_____

_____

8. ¿Por qué con la emoción (2) _____ cubres la emoción (4) _____?

_____

_____

9. ¿Por qué la emoción (5) _____ es el sentimiento que no sabes usar?

_____

_____

10. ¿Cómo actuaban tus papás cuando te comportabas motivado por la emoción (5) _____?

_____

_____

Para ayudarte a responder estas preguntas revisa el siguiente cuadro, que recuerda en qué momento se presentan las emociones y cuál es su utilidad.

Tipo de emoción	¿En qué momento se presenta la emoción?	Utilidad
Miedo	Cuando hay algo peligroso en el entorno.	Para protegerme de esos peligros.
Alegría	Cuando se cubren las necesidades.	Para crecer y continuar satisfaciendo mis necesidades.
Tristeza	Cuando se sufre de alguna pérdida.	Para aceptar las pérdidas y evitar gastar energía.
Enojo	Cuando otros pasan los límites propios.	Para marcar mis límites con los otros.
Afecto	Cuando se comparte con alguien.	Para aprender de mí y compartir con otros.

Reflexionar sobre las emociones
nos hace estar en contacto con ellas.

¡Haz conciencia!

Después de realizar este ejercicio, has ganado un reflector; ya todo tu sistema emocional y tu energía se están moviendo y están acomodándose en su sitio. Al principio será un proceso algo incómodo y quizá, en algunos casos, sea doloroso. Sin embargo, si practicas, podrás sentir correctamente tus emociones. Te darás cuenta que en muy pocos días empezarás a sentirte realmente bien y a fluir de nuevo.

Dentro de tí hay un sistema
muy sabio. Ahora que ya lo sabes,
deja que haga su trabajo,
no se va a equivocar.

PASO 4
Estado mental

Hasta este punto del libro, hemos aprendido a escuchar nuestro cuerpo, a identificar sus malestares e interpretarlos. También hemos hecho conciencia de nuestras emociones y aprendido a encaminar su energía de manera correcta. Ahora, para continuar con el aprendizaje es momento de hablar acerca de la mente. Primero se estudiará cómo es la estructura del cerebro, la cual nos hace actuar tal y como lo hacemos; después se explicarán con claridad tres teorías metafísicas de la mente. Tomarlas en cuenta será de gran ayuda para comprender cómo opera el mundo y así desenvolvernos mejor en él.

Cómo funciona la mente

Saber qué es la mente y cómo funciona es un debate tan largo como la historia del pensamiento, y existen tantas definiciones como escuelas que lo han estudiado. Pero en este caso, nos centraremos en ver cómo funcionan nuestros procesos mentales basándonos en las teorías propuestas por Joe Dispenza.[8]

[8] Joe Dispenza, *Desarrolle su cerebro*, Buenos Aires, Kier, 2008.

Según él, el pensamiento surge dentro de nuestra cabeza y se canaliza mediante un proceso ordenado que sigue los siguientes cuatro pasos:

1. La percepción.
2. El pensamiento.
3. Las emociones.
4. Las reacciones fisiológicas en el cuerpo.

Cada uno de estos pasos ocurre en una parte específica del cuerpo o del cerebro. Entenderlos nos ayudará a desentrañar nuestra personalidad, apegos y encaminarnos cada vez más al desarrollo personal.

La percepción

El origen de los pensamientos está en la percepción. Los estímulos del exterior llegan a los órganos responsables de los sentidos que nos permiten percibir. Podemos oír ruidos, ver luces y formas, tocar texturas, oler aromas y probar sabores. Justo en este momento, podemos darnos cuenta de los estímulos del medio ambiente que nos rodea. Estos estímulos o percepciones pasan al cerebro mediante la red de nervios que está en el cuerpo. Los sentidos son muy importantes porque nos conectan con el exterior, y las percepciones son la materia prima de las ideas, los pensamientos y las emociones. Por ejemplo, vamos a considerar la siguiente percepción: ver un animal de cuatro patas, que ladra, y que tiene colmillos grandes y filosos.

El pensamiento

Después de percibir un estímulo externo, la información que llega a los órganos de los sentidos pasa a una parte del cerebro llamada neocórtex. Ésta es la parte más desarrollada de la corteza cerebral. Aquí la información es procesada, ordenada e interpretada. Esta fracción del cerebro humano es sumamente compleja y de ella dependen el manejo del lenguaje, el pensamiento abstracto, el análisis de la información y la imaginación. En este lugar está todo aquello que nos caracteriza como humanos.

Nuestros sentidos percibieron un estímulo, y el neocórtex, por medio de la experiencia y del conocimiento adquirido, inmediatamente le da significado a éste. Por ejemplo, el pensamiento que procede de la percepción del animal que ladra es que es un perro, el cual es malo y es peligroso.

El cerebro construye todos sus conceptos mediante la memoria asociativa. La imagen del perro puede no ser peligrosa por sí misma, ya que solamente es un animal. Pero si juntamos esta percepción con experiencias previas o con la información disponible a partir de películas, historias que nos han contado o hemos leído, y con experiencias indirectas, se establece una conexión neuronal entre todos estos razonamientos, formando así una red de neuronas que nos hará pensar en un peligro.

El neocórtex da connotación e interpretación a lo que estamos percibiendo. Lo que hace el cerebro es contarnos una historia de lo que está en el mundo exterior, es decir, en la realidad.

Las emociones

La imagen que equipara al perro con un posible peligro llega al sistema límbico, también llamado *cerebro mamífero*. Se llama de esa manera por ser una estructura física que distingue a los mamíferos del resto de los animales. Este segundo cerebro recibe el pensamiento e inmediatamente hace conexiones con las experiencias adquiridas, encargándose de darle una emoción a nuestros pensamientos. Por ejemplo, la emoción que surge después de pensar que el perro que ladra es malo y peligroso, es sentir miedo.

Además, esta parte del cerebro tiene la cualidad de ser sumamente flexible dando un sinfín de emociones distintas que varían de persona a persona.

Este cerebro mamífero se encuentra dentro del hipotálamo. Esta última estructura es el centro de control de nuestras emociones. Una vez que recibimos y procesamos el pensamiento, le asignamos una emoción a éste. Esta emoción necesita salir hacia nuestro cuerpo para que podamos actuar.

Los encargados de transmitir la emoción dentro del cuerpo se llaman péptidos, los cuales son sustancias químicas que transmiten cada una de las emociones y son personalísimos. Si sentimos *ñañaras* cuando caminamos por debajo de la banqueta, es porque tenemos péptidos específicos para crear esa sensación.

Las reacciones fisiológicas en el cuerpo

Los péptidos corren por el torrente sanguíneo para trasmitir la emoción, y cada célula del cuerpo tiene receptores específicos para ellos. Cada una de las células busca en su experiencia previa y decide qué conducta instintiva va a realizar. Es por eso que se puede decir que las células son las unidades de conciencia más pequeñas.

Siguiendo con el ejemplo del perro, la reacción fisiológica posterior al ver a un animal amenazante y peligroso, y después de sentir miedo, es emprender la huida e intentar buscar protección.

Así es como las emociones crean distintas reacciones en el cuerpo tales como los músculos tensos debido al estrés, el hormigueo al sentir nervios, las mariposas en el estómago cuando hay alegría, etcétera.

El encargado de asignar reacciones fisiológicas a las emociones se llama cerebro reptil, el cual está presente en los mamíferos y los reptiles. Este órgano se caracteriza por ser la capa más antigua del cerebro, y es donde se alojan los instintos primarios. Por ello, el cerebro reptil es también el encargado de regular las funciones más básicas del cuerpo, como el impulso de alimentarnos, la respiración, el ritmo del corazón o la homeostasis, que es el equilibrio que conserva naturalmente el cuerpo.

El proceso mental termina
en una conducta.

La repetición

Continuando con el ejemplo del perro, la información del estímulo ha pasado ya por las tres capas anteriores del cerebro. Primero se tiene la percepción de la realidad, se procesa y se le asigna una interpretación que genera un sentimiento. Dentro del cerebro reptil, los neurotransmisores activan la reacción de temor correspondiente y se activa el mecanismo de huida para proteger y mantener el equilibrio.

Hasta aquí todo va bien. De hecho es bastante coherente, pero ¿qué pasa con las conductas condicionadas? En seguida vamos a analizar un ejemplo en el que la repetición de una conducta es un factor importante en el comportamiento.

Enrique era una persona que vivió durante muchos años en las afueras de la Ciudad de México en una casa llena de naturaleza. Sin embargo, se encontraba junto a un terreno donde habitaban más de 20 perros. Enrique había tenido una mala experiencia, pues en su infancia fue atacado por uno de ellos lo cual le provocó una herida profunda en la pierna. Él trabajaba en la ciudad y diario necesitaba salir muy temprano de casa para llegar a su trabajo. Para su mala suerte, todos los días a la hora de su salida era acechado por un perro de la misma raza que el que lo había atacado de pequeño. Naturalmente, Enrique trataba de defenderse del perro; algunos días se escondía, otros, lanzaba comida lejos de él para despistarlo, y algunas veces salía corriendo para refugiarse en su coche. Lo cierto es que todos los días él actuaba de alguna manera para protegerse.

Si incluimos la repetición como una variable del proceso mental, resulta que el proceso de Enrique era el siguiente:

- *Percepción.* Veía al perro.
- *Pensamiento.* Pensaba que lo podría volver a morder.
- *Emoción.* Sentía miedo.
- *Conducta.* Enrique buscaba una conducta para protegerse.

Para las células, asimilar el químico del miedo no es fácil. Todos los días ocurre un proceso de asimilación, el cual las desgasta. Llega un momento en que ellas incorporan ese químico (en este caso del miedo) a su funcionamiento con la intención de que sea más fácil procesarlo.

En pocas palabras, las células se acostumbran al péptido del miedo y se vuelven miedosas. De esta manera es como se forja la personalidad. En el caso de Enrique, él ya estaba acostumbrado a sentir miedo y después de haberse habituado al químico correspondiente, ahora lo necesitaba para mantener su equilibrio físico, es decir, conservar su homeostasis. Por ello, él se volvió de cierta manera adicto al miedo.

Seguramente aquí ya nos vinieron a la mente cientos de ideas que confirman por qué somos como somos.

Cuando repetimos un proceso mental,
fabricamos nuestra personalidad.
Somos lo que repetimos.

El boicoteo

Ahora bien, agreguemos una variable más. Imagina que Enrique se casa y vive con su pareja en la casa que está al lado de los perros. A los dos años decide tener un hijo, pero algo dentro de él le hace tomar la decisión de no poner en riesgo a su bebé y se muda a la ciudad. El primer día que sale de su casa sin encontrar un perro y sin tener que huir se siente aliviado de su temor. Sin embargo, algo está mal en su sistema, a fuerza de la repetición del miedo y de la conducta de huida.

A las ocho de la mañana, Enrique sale de su casa sin ninguna preocupación, sube al coche sin estar nervioso, pero sus células empiezan a sentirse raras, pues no han tenido aún su dosis de miedo. Apenas han pasado dos minutos y empiezan a ponerse incomodas. Al poco tiempo, se encuentra a un vecino que quiere darle la bienvenida, y Enrique se baja del coche sin ningún problema, sin embargo, sus células se sienten de verdad nerviosas. Se sube al coche nuevamente, pero ya está estresado y no sabe por qué. ¡Sus células no han recibido aún su dosis de miedo y empiezan a desequilibrar su sistema!

No hay que olvidar que la homeostasis permite que haya equilibrio en el organismo. Así pues, el cuerpo de Enrique necesita del miedo para estar bien. La función principal del cerebro reptil es mantener el equilibrio del cuerpo y sus funciones básicas, y cuando se le quita su dosis de miedo, pierde la estabilidad con la que estaba acostumbrado a desempeñarse. Pensemos esto como una adicción. Cuando un fumador deja de golpe el cigarro, su sistema necesita y pide nicotina para funcionar de la manera en la que está acostumbrado, aunque sabemos que éste nunca ha necesitado fumar.

Las células del cerebro reptil empiezan a mandar mensajes al neocórtex para satisfacer la necesidad de la emoción a la que se ha generado una adicción. Enrique tenía pensamientos como: "De seguro aquí también hay perros", "Estaba mejor viviendo a las afueras", "En verdad no quería vivir en la ciudad, me deje impresionar por lo que mi esposa decía". Este boicoteo siempre estará presente con el firme propósito de mantener el equilibrio del organismo. Ahora podemos ver qué significa quitarle a las células aquello a lo que son adictas.

El boicoteo es el responsable de que cuando se presentan decisiones como: guardar una dieta, hacer ejercicio, quitar el

hábito del cigarro o del alcohol, sea difícil lograrlas y mante-
nerlas. Es esa voz interna que nos dice: "El lunes empiezas la
dieta", "Es mejor estar acostado en la cama que salir a entrenar", "Una fumadita a nadie le hace daño".

Tu sistema no quiere cambiar
algo que implica desequilibrarlo.

La ley de la atracción

Vamos a continuar con el ejemplo de Enrique. Él se para en
un semáforo antes de llegar a su oficina, y de pronto llegan a
asaltarlo de manera violenta. Por fin recibió su dosis de miedo
después de que sus células lo boicotearon.

Si las células son adictas a determinados péptidos, bus-
carán atraerlos para saciar su apetito. Es por esto que de manera inconsciente, atraemos situaciones que cubran nuestras
necesidades químicas. Si el cuerpo necesita cierta emoción,
hará todo lo posible para conseguirlo, por ejemplo, nos llevará
a circunstancias que nos den ese estímulo.

El cuerpo de Enrique exigía que se presentaran hechos que
le causaran miedo. Y dicho y hecho, tanto pensar que le ocurri-
ría algo malo, le hacía estar predispuesto a que le pasara algo.

Atraemos situaciones
que cubran las emociones a las
que somos adictos.

Existen muchas teorías sobre cómo es que atraemos o creamos esas situaciones a las que nuestro cuerpo está habituado. El budismo, por ejemplo, ha defendido por milenios la idea de que somos lo que pensamos. Toda nuestra esencia surge de nuestras ideas y con éstas hacemos el mundo. Lo que hoy somos descansa en lo que ayer pensamos y nuestros pensamientos actuales forjan nuestra vida futura.

La psicología también ha entrado a este tren de ideas y las neurociencias han comenzado a estudiar cómo nuestro inconsciente guía nuestra conducta, así como la manera en que nuestro destino se teje sin que nos percatemos.

La ley de la atracción es una herramienta que nos permite entender mejor la realidad y nuestros propios estados mentales. Su postulado más importante es que *lo semejante atrae lo semejante*, y explica por qué un estado emocional llama a los eventos que lo satisfacen.

Si no podemos controlar un estado emocional, es porque existe una adicción de nuestro sistema a él. Esto es la ley de la atracción actuando sobre nosotros. La pregunta que todos nos hacemos en este punto es si, en este escenario, podemos controlarlo o deshacernos de él.

Si no puedes controlar un
estado emocional, es porque hay
una adicción a él.

A estas alturas ya podemos reflexionar y respondernos por qué es tan difícil cambiar. Ya podemos identificar a qué somos adictos y a qué lugar, objeto o persona nos aferramos.

Ahora ya entendemos que para no experimentar una carencia química nos negamos a perder algo o a alguien.

Para poder identificar a qué eres adicto de manera consciente, realiza el siguiente ejercicio:

1. Sobre la línea del tiempo de tu vida, señala cronológicamente los momentos más significativos de tu vida:

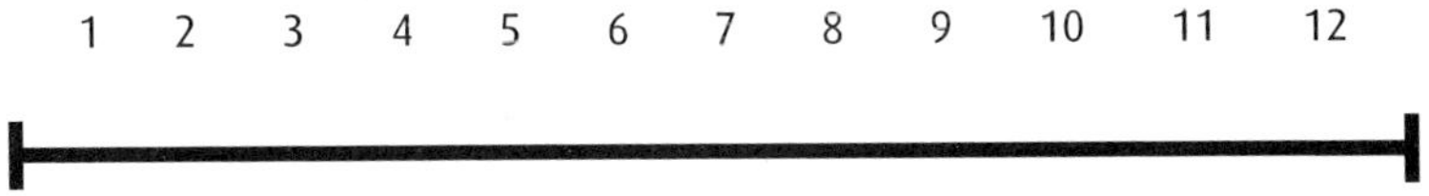

1   2   3   4   5   6   7   8   9   10   11   12

├───┤

Figura 4. Línea del tiempo de vida

2. Ahora identifica las emociones que se relacionan con cada momento que anotaste arriba. ¿Qué emociones te hicieron sentir esas conductas?

_____

_____

_____

_____

_____

3. Considera que las emociones que actualmente experimentas cuando incurres en las conductas que enunciaste arriba, son los péptidos a los que tus células son adictas.

_____

_____

_____

_____

_____

_____

La ley de la polaridad

Jesús ve a infantes que están mamando. Dice a sus discípulos: "Estos infantes que maman se asemejan a los que entran en el Reino". Le dicen: "¿Así al convertirnos en infantes entraremos en el Reino?" Jesús les ha dicho: "Cuando hagáis de los dos uno, y hagáis el interior como el exterior y el exterior como el interior, y lo de arriba como lo de abajo, y cuando establezcáis el varón con la hembra como una sola unidad de tal modo que el hombre no sea masculino ni la mujer femenina, cuando establezcáis un ojo en el lugar de un ojo y una mano en el lugar de una mano, y un pie en el lugar de un pie y una imagen en el lugar de una imagen, entonces entraréis en el Reino".

EVANGELIO COPTO DE SANTO TOMÁS, 22

Para entender mejor la polaridad, veamos cómo influye en nosotros. Para ello revisemos los cinco puntos más relevantes de esta ley:

1. El mundo es entendido de manera dual o polar. Pensemos en el día y la noche, en lo bueno y lo malo, en la verdad y la mentira. El taoísmo representa esta dualidad con la famosa figura del yin- yang.

2. El lado que se observa depende del ángulo en que cada quien se encuentra. En la figura 5 hay dos formas distinguibles: la copa y dos perfiles encontrados. Percibir una u otra depende de si ponemos atención primero en las luces o en las sombras. Los dos elementos están presentes en la imagen al mismo tiempo, pero nuestra mente nos obliga a decidirnos por uno.

Figura 5. Copa Rubin

3. Un polo depende del otro. Si quitamos uno de los polos, desaparece la imagen con sus dos aspectos. Las polaridades son estos dos aspectos de una sola realidad que contemplamos.

4. Elegimos un polo y evitamos el otro. Cuando tratamos de alimentar uno de los polos, aunque no lo queramos, el opuesto crece en la misma proporción. No obstante, nos empeñamos en ver sólo un lado de la polaridad y en negar la otra.

5. Más allá de la polaridad que percibimos, está la unidad. Ésta consiste en la convivencia de los contrarios. Este ámbito es la totalidad que abarca los opuestos que percibimos y los hace convivir en armonía.

En resumen, la conciencia humana divide la unidad en dos polos, los cuales se complementan de manera mutua y necesitan uno del otro para existir. La polaridad trae consigo la incapacidad de contemplar simultáneamente los dos lados de una unidad. Para llegar a comprenderla, necesitamos transformar nuestra conciencia polarizada. Esto lo lograremos aceptando la naturaleza dual de la realidad y aplicándola a nuestro caso personal.

Esto implica que en los individuos la polaridad también se refleje. Existe una parte de la personalidad que llamamos el *yo* externo. Esta parte la reconocemos y queremos, pero también existe otra versión del *yo* que a veces no queremos hacer consciente y ocultamos: el *yo* interno. Debemos aprender a ver simultáneamente el polo opuesto para adquirir una visión de conjunto, y dejar de ocultar un polo en particular. Así avanzaremos para lograr sentirnos parte de un todo.

Hagamos que nuestra conciencia
sea capaz de mirar la unidad completa.

Regresando al tema central de este apartado, tomemos en cuenta que la mente no escapa de la ley de la polaridad. Sus polaridades son el consciente (que hemos llamado *yo externo*) y el inconsciente (que hemos llamado *yo interno*). Cuando las experiencias que percibimos de la realidad no afectan nuestra psique, las podemos conservar en lo consciente. A partir de ahí empezamos a construir interpretaciones. Pero cuando las experiencias que percibimos de la realidad sí afectan nuestra psique, por ser dolorosas o porque atentan contra nuestra vida, lo que menos deseamos es experimentarlas de nuevo y las guardamos en el inconsciente. Las emociones del inconsciente pasarán por el mismo proceso que las que guardamos conscientemente, de tal manera que parte de lo que atraemos, al igual que nuestra conducta y personalidad, se forma y actúa desde el inconsciente. Dar con nuestras adicciones emocionales no es el único paso, también hay que buscarlas de manera inconsciente.

Existe una parte de la conducta
y de la personalidad que es inconsciente.
Por eso podemos atraer algo
sin darnos cuenta.

Tiempo no lineal

Nos han enseñado que el tiempo es una línea recta que se compone del pasado, el presente y el futuro, y que sólo avanza hacia adelante. (Véase figura 6.)

Figura 6. Tiempo lineal

Sin embargo, existen otras concepciones del tiempo. Las primeras civilizaciones pensaban que éste era cíclico. Es decir, no se pensaba que avanzara siempre hacia adelante, sino que era un ciclo que se cumplía y que iniciaba nuevamente. Esta concepción del tiempo resultó de observar las estaciones del año, las fases de la luna y las temporadas de lluvia.

Considerando esta interpretación del tiempo, podemos pensar que nuestra vida puede entenderse a partir de la repetición de ciclos. (Véase figura 7.)

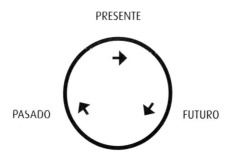

Figura 7. Tiempo no lineal

Si escribiéramos los momentos significativos en una espiral, jerarquizándolos del 0 al 9, se acomodarían en un patrón cíclico claramente identificable. En la figura 8, podemos ver cómo los eventos significativos se compaginan en diversos momentos. Y así es cómo los sucesos y las emociones conforman los patrones de conducta que se repiten en el tiempo.

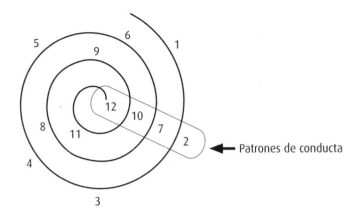

Figura 8. Patrones de conducta en un ciclo espiral

Sí cambia la perspectiva, ¿cierto? Pensar en un tiempo sólo lineal nos impide ver las repeticiones en la conducta. Con el transcurrir del tiempo puede ser que cambien las formas en que aparecen los comportamientos nocivos, pero en el fondo siguen siendo los mismos. Aquellas emociones que repetimos son a las que tenemos una adicción. Algunas de ellas son conscientes, pero hay otras fuerzas inconscientes, que están conformando el fondo de nuestras conductas. Estas últimas tienen una carga, están latentes y requieren ser vistas y aceptadas. Su forma de comunicarse es simple, repiten una y otra vez su mensaje, esperando que algún día aprendamos una lección.

El inconsciente ejerce mucha fuerza sobre la conducta y marca la personalidad. Lo más importante es que también atrae lo que necesita para ser visto, y esto puede ser poco agradable debido a su dolorosa naturaleza.

TAREA

Es momento de dar un salto en tu desarrollo humano, el cual es, sin lugar a dudas, el proyecto más importante de tu vida. Por favor, responde las siguientes preguntas.

1. Agrupa tus momentos significativos en patrones de conducta.

_____

_____

_____

2. ¿Puedes observar cuáles son los patrones de conducta que estás repitiendo?

_____

_____

_____

3. ¿Puedes encontrar qué emociones desagradables sientes al estar dentro de los patrones de conducta? Recuerda que tu inconsciente guarda emociones desagradables para ti.

_____

_____

_____

4. ¿Puedes analizar cuál es esa emoción desagradable que se repite en tus patrones? Ésta es a la que tu mente es adicta.

---

5. Reflexiona sobre la siguiente anécdota. Te dará luz para entender la polaridad y revalorar los patrones de conducta inconscientes en los que recaes.

Cuenta una de las muchas historias sobre la iluminación de Siddharta Gautama, que un día se sentó a meditar bajo un árbol e hizo la promesa de no abandonar su meditación hasta que alcanzara la iluminación perfecta. Él sabía que era momento de llegar a esa luz. Al anochecer, el Mara Devaputra, jefe de los demonios de este mundo, intentó interrumpir su concentración haciéndole ver horribles apariciones. Siddharta, a pesar de ello, continuaba en estado meditativo.

Después, el Devaputra envió demonios que disparaban lanzas y flechas, le arrojaban bolas de fuego, piedras y hasta montañas enteras. Sin embargo, Siddharta siguió firme en su meditación, pero a decir verdad, no había avanzado mucho. El Mara Devaputra intentó hacerlo caer haciendo aparecer bellas mujeres, pero con ello sólo logró que entrara en un estado de concentración aún más profundo.

Siddhartha resistía, sin embargo, aún no podía alcanzar la luz. Después de estar varios días luchando contra las apariciones, y a punto de darse por vencido, se dirigió hacia Devaputra: "Déjame ver la cara de quién me ha vencido", le dijo, y cuando Devaputra se dejó ver, era él, Siddharta mismo, la sombra de Siddharta. En ese momento lo entendió. No alcanzaría solo el nirvana. Lo miró a los ojos, le extendió la mano y juntos, él y su sombra se convirtieron en Buda, un ser totalmente iluminado y consciente.

¡Haz conciencia!

¿Recuerdas que una de las características de la polaridad es la aceptación? De eso se trata la vida, de aceptarnos, de vernos a los ojos y poder extendernos la mano para caminar juntos hacia la evolución. Las emociones inconscientes desean que las veas y las incorpores como una parte de tu ser. El trabajo para desarrollarte como ser humano es aceptarte totalmente. Sólo así lograrás hacer contacto con tu *ser*, quien ha estado esperando que vinieras por él, porque ha estado cuidado algo muy valioso para ti. ¿Estás listo para descubrirlo?

PASO 5
Estado cero

Llegados a esta parte, hemos logrado el entendimiento de nuestra esencia como seres humanos mediante el aprendizaje sobre el cuerpo, la mente y las emociones. Ahora es el momento de utilizar todos los conocimientos adquiridos hasta ahora para hacer contacto con la parte más trascendente de nuestro ser.

Los seres humanos sentimos que la vida debe tener una finalidad o un destino por seguir. Preguntarnos por el significado profundo de la existencia es algo natural, al igual que cuestionarnos si existe algo dentro de cada uno de nosotros que nos permite pensar, sentir y conectarnos con la divinidad.

El estado cero significa encontrar la misión personal. Esta última es un concepto abstracto y subjetivo que no tiene un significado definitivo, pero que es muy importante para muchos de nosotros porque otorga un sentido particular al día a día, proporciona, además, la idea de que cada uno es especial, único, y que tenemos un destino que seguir en la vida.

Cuando por fin descubramos ese algo dentro de nosotros que diga qué tenemos que hacer, seguro encontraremos el sentido de la vida. Lo mejor es que si logramos cumplir con ello, vamos a poder alcanzar la plenitud y ser felices.

Buena parte del estado cero y de la misión personal consiste en conectar la conciencia humana con otra superior para poder escuchar el mensaje que tiene que decir y lograr encaminar nuestros actos hacia una finalidad trascendente. La conciencia superior otorga a cada uno de nosotros un destino preestablecido y ahora es momento de descubrirlo.

La conciencia superior
nos proporcionó una misión
a cada uno.

La misión personal

No existe una misión de vida universal que pueda funcionar para todas las personas. Hemos escuchado cientos de veces la frase: "La finalidad de la vida es aprender", y en cierto modo es correcta. Sin embargo, como todos somos diferentes y tenemos experiencias y personalidades particulares, es evidente que no todos vamos a aprender lo mismo.

Reflexiona lo siguiente: ¿qué es lo que necesitas aprender? ¿De qué podría tratarse la lección de tu vida? ¿Cuál piensas que es tu verdadera misión personal? ¿De verdad existirá una misión personal? Y de ser así, ¿cómo encontrarla? Las respuestas dependen de ti y de lo que quieras creer.

Hay una analogía muy hermosa para entender el sentido de la misión personal. Después de la gran explosión del *Big Bang*, todas las partículas fueron dispersadas y se llevaron una porción de la energía. El universo se expande y con el tiempo se contraerá para que todas las partículas regresen a su fuente. Ésa es la misión de las partículas. Mientras tanto, tienen un camino que recorrer y lo hacen cuando forman parte de sistemas planetarios, estrellas, cometas, o polvo estelar. Los seres humanos estamos hechos de la misma materia, el alma humana es igualmente producto de esta gran explosión y se comporta igual porque tiene que regresar al origen. Sin embargo, tenemos una singularidad que nos hace diferentes de todo lo que existe en el universo: la conciencia humana.

Se dice que los seres humanos somos los únicos seres vivos capaces de elevar su frecuencia vibratoria a través de su conciencia. Pensemos en una persona que está viendo una película de terror o un drama, ella utiliza su conciencia para vivenciar cosas, presenta emociones como el miedo y la tristeza, y puede sentirse cercana a lo que le sucede a los otros. De este modo, es capaz de tener un estado mental casi a voluntad. Nuestra conciencia, junto con el corazón y la mente, puede elevar o disminuir su propia frecuencia, tal y como pasa en el ejemplo anterior. Si logramos elevar la frecuencia de la conciencia, nos acercaremos más a la misión personal, pero si la disminuimos, nos estaremos alejando.

Como seres humanos, debemos ponernos a trabajar en algo en particular para lograr vibrar en sintonía con la conciencia superior. Esto es porque cuando se separó esta última de la conciencia humana como consecuencia de la gran explosión, la segunda olvidó cuál era su misión.

Por ello, en este apartado veremos las herramientas para encontrar la misión personal, y así reencontrarnos con el todo. Recordemos que encontrar una misión personal es un proceso de aprendizaje muy particular, cada uno tiene una tarea que está marcada por los sucesos de su vida.

Consideremos un ejemplo: Adriana era la mayor de cinco hermanos; siempre le pedían que los atendiera y que se dedicara a cuidar al resto de su familia. Cuando entró a la escuela, sus compañeros de clase siempre le copiaban en los exámenes y le dejaban la carga de las tareas a ella sola. Después, cuando ella entró a trabajar, su jefe la tenía hasta las dos de la madrugada en la oficina y se robaba el mérito de su trabajo.

¿Cuál es el mensaje que Adriana trae en su interior? ¿Cuál es su misión personal? Ella sufría muchas injusticias y es claro que su misión personal consistía en lograr detener las situaciones donde hay abuso, tanto en las que ella podía ser la víctima, como en las que involucraban a otras personas. Sin embargo, resulta curioso que el mensaje de la conciencia superior no siempre se puede ver de manera inmediata.

La misión personal
es particular a cada uno.

La huella

La idea de la misión personal se repite bajo distintos nombres dentro de las disciplinas del desarrollo humano e incluso en la psicología. Dentro de la teoría psicoanalítica existe el concepto de *huella*, que se entiende como las vivencias traumáticas que tiene un individuo y que pueden subsistir de manera inconsciente.

Naturalmente, la misión personal es superar la huella. En la infancia y hasta los siete años de edad, el cerebro se encuentra en la etapa de aprendizaje, todo lo que se aprende proviene del exterior. El cerebro infantil absorbe, como si fuera una esponja, las experiencias vividas en el medio en el cual el niño se desenvuelve.

Una de las características de los seres humanos en esta edad tan tierna, es que tenemos una gran necesidad de apoyo para poder sobrevivir y que buscamos protección, ser acogidos y aceptados. En esta etapa nos encontramos bastante vulnerables y por eso la huella se materializa.

Como se podrá advertir, la huella se forma por aquellas experiencias dolorosas que, por su profundidad, crean rupturas en la personalidad de los niños. Se configura a partir de fracturas emocionales y carencias creadas por la madre o el padre. El doctor Alfonso Ruiz Soto[9] habla de siete valores que pueden ser la base de la huella: afecto, apoyo, comprensión, placer, inspiración, conocimiento y reconocimiento. Cuando hay carencia en alguna de estas esferas, surge la huella.

La huella es el reflejo de las
carencias en la infancia.

Este proceso se detiene después de los siete años. Posterior a esta edad y hacia los 14 años aproximadamente, la huella empieza a cicatrizar. En la adolescencia, que se manifiesta

---

[9]   *Cfr.* Semiología de la vida cotidiana, *Huella de abandono* [video de Youtube], publicado el 22 de marzo de 2013, disponible en: <https://www.youtube.com/watch?v=M8Qvo2CzC0s>, consultado el 15 de mayo de 2017. También se puede visitar el sitio: <http://www.semiologia.net/>.

de los 14 a los 21 años de edad, todos los sistemas funcionales despiertan: el endócrino, el reproductivo, el psíquico, etcétera. En esta etapa, la huella pasa de ser una herida más o menos cicatrizada a abrirse de nuevo.

La adolescencia se caracteriza porque, al igual que en la infancia, seguimos buscando fuentes de valores en el exterior, pero nuestro medio de socialización ha cambiado. Ahora no solamente se cuenta con la familia, sino que a ésta se suman los amigos, la escuela, los medios de comunicación, etcétera. La búsqueda de la identidad y el fin de la adolescencia dependen de la madurez psicológica del individuo, pero, sobre todo, de la resolución de la huella, la cual nos define como individuos adultos.

La adolescencia es el momento en que la huella se abre una vez más para resolver las carencias que la configuraron en la infancia. Cuando se resuelve, se cruza la línea que separa la adolescencia de la edad adulta, la cual está marcada por la responsabilidad. Cuando nos convertimos en adultos, nos transformamos en nuestra propia fuente de afecto, apoyo, comprensión, placer, inspiración, conocimiento, reconocimiento, etcétera.

Cuando entramos en este proceso de maduración, resolvemos nuestra huella y comprendemos que nuestra realización personal es una transformación continua y no una meta. Asimismo, ponemos límites para establecer relaciones interpersonales más maduras. También asumimos la libertad como un proceso que conlleva un compromiso personal. En pocas palabras, organizamos nuestro proyecto de vida y lo encaminamos hacia la felicidad.

Cuando no resolvemos la huella, quedamos en un proceso inconcluso, y, como todo adolescente, difícilmente sabemos a dónde dirigirnos. Mientras la huella no esté resuelta, jamás podremos reconciliarnos con nosotros mismos ni estructurar un proyecto de vida sano; estaremos en un vacío que aísla, deprime y vulnera la autoestima. Cuando no somos capaces de hacer el traslado de nuestras fuentes de valores hacia nosotros mismos, quedamos incapaces de encontrar la misión personal debido a que aún no hemos aprendido a valernos por nosotros mismos para ser plenos.

Resolver la huella significa
reconciliarnos con nosotros mismos.

La huella funciona como sustento de la estructura psíquica y puede ser tomada como una especie de traducción, en términos humanos, de la misión personal. Pareciera ser que nuestra madre y padre fueron los responsables de transmitirnos el mensaje del más allá. Este proceso, como hemos visto, suele ser tan doloroso que deja marcas en la personalidad, pero, si no fuera así, no se trabajaría nunca por la superación de la huella ni por encontrar la misión personal.

Encontrar la misión personal
es el trabajo más difícil en esta vida.

En el ejemplo que usamos, el caso de Adriana, es muy fácil ver cuál es su huella y su misión. Nosotros también podríamos aplicar el modelo en nuestras vidas. Pero hay que tomar la completa responsabilidad de sanar nuestra huella emocional y encontrar esta sintonía con la misión personal. No debemos dejarnos ganar por la pereza y el miedo al cambio ni echar la culpa a los demás por la historia personal, mucho menos hay que pensarnos como víctimas de las circunstancias.

La misión personal también está relacionada con nuestra realización personal y vocación. En el caso de Adriana, ¿cuál sería el paso lógico para hacer coincidir su misión personal con su huella y el dolor que le producía? Puede ser que como ella era víctima de tantas injusticias, su camino sea luchar contra éstas e intentar aliviar el dolor que provocan. Quizá estudiar derecho o hacer alguna actividad que le permitiera estar en esta línea de acción sea, para ella, la forma de realizar este llamado personal y ganar una vocación.

Ahora, en nuestro caso, la tarea consistirá en trabajar para empatar la huella con la misión personal. Este trabajo es personalísimo. Cada uno es responsable de encontrar los aspectos esenciales para encontrase y definir su misión en la vida.

Sólo tú puedes hacerte cargo
de encontrar tu misión personal.

TAREA

Responde las siguientes preguntas para encontrar tu huella. Recuerda que es un proceso personal. Tienes una frecuencia vibratoria y experiencias únicas; sólo tú puedes saber de ti mismo. Tu principal objetivo debe ser reencontrarte contigo, transformar tu propia historia y por fin definir tu misión de vida.

1. ¿Cuáles fueron los excesos que tu mamá tuvo contigo en la infancia?

_____

_____

_____

2. ¿Cuáles fueron las carencias que tu mamá tuvo contigo en la infancia?

_____

_____

_____

3. ¿Cuáles fueron los excesos que tu papá cometió contigo en la infancia?

_____

_____

_____

4. ¿Cuáles fueron las carencias que tu papá tuvo contigo en la infancia?

_____

_____

_____

5. Haz conciencia, ¿qué fue lo que más te dolió?

_____

_____

_____

6. Ahora responde, ¿cuál es tu huella?

_____

_____

_____

A continuación vamos a ver cómo funciona la estructura psíquica. La huella es la base de esta última y determinará el rumbo de la mente. La huella causa un malestar y un comportamiento en consecuencia que, a fuerza de repetirse, termina por generar una adicción mental.

Las respuestas psicológicas que naturalmente se elaboran para responder a la huella siguen los siguientes principios:

- _Aceptación._ Implica que el individuo busca afecto y atención.

- *Rechazo.* Significa que se desaprueba la huella y se muestra constantemente un descontento.
- *Fidelidad.* Surge del dolor causado por la huella y de la empatía con el padre o la madre.

Estos principios implican hábitos y acciones repetidas que terminan formando parte de la personalidad, determinan el comportamiento consciente e inconsciente, y pueden trasladarse a todos los aspectos de la vida. Estas conductas se convierten en patrones, lo cuales son alimentados por las emociones, las que a su vez generan cierto comportamiento reiterado. Uno de los objetivos del desarrollo humano es resolver estos patrones y disolver el vínculo que hay entre la huella y la adicción mental. De manera esquemática se puede ver cómo en la figura 9.

Figura 9. Funcionamiento de una huella

Ahora, trata de interpretar cómo funciona tu estructura psíquica.

1. Tu huella es:

_____

_____

_____

2. Tu mente es adicta a:

_____

_____

_____

3. ¿Hay alguna relación entre tu huella y tu adicción mental?

_____

_____

_____

4. ¿Cuál es tu misión personal?

_____

_____

_____

5. ¿Qué es lo que tienes que aprender?

_____

_____

_____

¡Haz conciencia!

Aquí es donde la metodología debe comenzar a tomar sentido. Llegó el momento de ver la vida con un enfoque diferente y de actuar bajo una filosofía de vida que realmente vaya acorde al ser humano que quieres ser.

Haz conciencia de todos los momentos que viviste, de decisiones que tomaste, de los errores que cometiste en el pasado. En ese momento actuabas con las herramientas que tenías a la mano. Piensa en que al final todo tu comportamiento está basado en una falta de acepción o de amor. Lo único que querías era que te amaran incondicionalmente. Ahora que entiendes cómo y por qué actuabas así en el pasado, no te reproches por los errores cometidos. ¡Al contrario!, gracias a ellos ahora sabes hacia dónde debes dirigirte.

Hasta ahora, solamente habíamos tratado de entender nuestro comportamiento y nuestra esencia como seres humanos. Ése es un gran paso en el desarrollo. Sin entendimiento no puede haber cambio. Pero ha llegado el momento de crear una nueva versión de ti, de cambiar lo que no te gusta y de reforzar lo que sabes que es parte de ti y que te hace bien. Llegó la hora de cambiar positivamente.

A partir de ahora comenzarás a comprenderte mejor a ti mismo y a sentir la voluntad de cambio. Ahora puedes encaminar tus actos hacia un mejor proyecto de vida y a transformarte en una mejor versión de ti mismo.

¡Qué disfrutes este nuevo camino!

PASO 6
Tomar decisiones

Hasta este punto del libro, seguro que hemos logrado grandes avances en el desarrollo personal. En el camino nos hemos quitado enormes cargas que impiden alcanzar la felicidad y el bienestar. Esto ha sido posible solamente con recurrir a una guía que auxilia a mejorar el conocimiento de nosotros mismos. Sin embargo, hasta ahora nada más tenemos hecha una parte de este proceso de transformación, pero contamos con las herramientas que nos ayudarán para el siguiente paso.

Hemos aprendido cuáles son nuestras características y limitaciones como seres humanos. También nos hemos hecho conscientes de nuestra mente y cuerpo, y profundizado en la manera en que interactúan las emociones con el medio que nos rodea. Igualmente hemos aprendido sobre cómo el pasado ha influido en el tipo de personalidad que tenemos. Y cómo de ese punto podemos encontrar el camino que debemos seguir en la vida. Hemos visto que casi siempre existen actitudes que sólo nos dejan en la posición más cómoda para nosotros, y no en el camino ideal para cumplir con nuestra misión.

Pasar por todo este proceso debe motivarnos para tomar conciencia de nuestra naturaleza como seres humanos. Éste es uno de los pasos más importantes de nuestro desarrollo personal, sin embargo, este viaje largo aún no termina. Ahora nos toca dar el siguiente paso en este proceso; es hora de tomar acción, decidirnos a modificar las conductas nocivas, los vínculos enfermizos, los apegos y la apatía. En este momento, corresponde tomar decisiones sobre nuestro camino.

Como ya contamos con las herramientas para poder conocernos de manera más profunda, es momento de conjugar todos estos conocimientos adquiridos y usarlos a nuestro favor. Tomar decisiones sobre qué queremos hacer de nosotros mismos y quiénes queremos ser en el futuro es el siguiente paso. Esta tarea es fundamental para completar el proceso de cambio y requiere que tengamos una fuerte determinación para realizarla.

¿Por dónde empezamos? ¿Cómo damos el primer paso de nuestro viaje? Hay que entender que esto no es una decisión que se deba tomar a la ligera, es necesario reflexionar, darnos el tiempo suficiente para pensar y repensar, ya que lo que sigue es algo realmente fuerte. Este paso traerá consigo una pérdida. Y como estamos tratando con una metodología que trabaja desde las bases más íntimas de tu ser, la pérdida podrá ser dolorosa, pero será necesaria.

Tomar decisiones desde la misión personal

Ahora que conocemos cuál es nuestra misión personal, tenemos que actuar conforme a ella y dejar que nos guíe. Por supuesto que será difícil. No hay que olvidar que la misión personal es lo más difícil de hacer en la vida.

Además, ya tenemos una vida construida sobre otras bases. Debemos tomar en cuenta que los hábitos han creado nuestra personalidad y tomar las decisiones para cumplir la misión personal implicará hacer cambios.

Esta tarea es dura y puede sacarnos de balance. En el paso 5 hablamos ya de las adicciones emocionales, de cómo recurrentemente caemos en los mismos procesos nocivos. Hay que tomar en cuenta que será un golpe duro alejarnos de las adicciones establecidas en las conexiones neuronales. La mente generará un boicoteo que será una espiral de retroalimentación negativa que nos va a impedir cambiar.

Para eso, vamos a ver el caso de Laura, una chica cuya adicción emocional era sentir injusticia. Trabajaba en un departamento administrativo aunque no le gustaba, pero lo hacía porque era mayor la necesidad de mantener a su familia. Sin embargo, tenía una vocación artística, la cual estaba frustrada por el empleo que desempeñaba.

Trabajar en esa empresa alimentaba su sensación de que la vida era injusta con ella, ya que no tenía oportunidad de explotar su potencial artístico por su necesidad de tener un ingreso. Entonces, decidió renunciar y trabajar en el medio artístico. Sin embargo, su mente, cuando se vio con la amenaza de perder la fuente de su sensación de injusticia, decidió boicotearla.

Lo que pasó es que cuando ella presentó su renuncia, su jefe le propuso un mejor puesto y un aumento en su salario.

La mente siempre atraerá lo que necesita e inicia pensamientos que buscan boicotear una decisión. Por este motivo será difícil seguir el camino para conseguir la misión personal. Sin embargo, después de elegirlo, se encontrará la felicidad sin duda.

Lo difícil de buscar la misión personal
está en romper con los hábitos que nos
mantienen cómodos.

Ahora bien, ¿cómo saber cuál es el camino correcto? Encontrarlo puede ser muy confuso. Sólo podemos lograrlo por medio de la reflexión. No hay que distraernos con el entorno, hay que dejarle la decisión a la conciencia humana, ese *yo*, que ahora entendemos mejor. Esta vía permite acceder al mensaje de la conciencia superior. Después de escucharlo, lo mejor es respetar tu decisión.

Para poder definir si lo que está ocurriendo en la realidad es el resultado de nuestra adicción o es un claro indicio de hacia dónde va la misión personal, vamos a imaginar un ejemplo: nos encontramos frente a una ventana y miramos en ésta el reflejo de una mosca que choca contra ella en su intento por salir al exterior. Desde nuestra perspectiva y por el juego óptico veremos que la mosca intenta entrar, aunque en realidad intenta salir.

Lo mismo pasa con nosotros, a veces no tenemos claro si nuestras decisiones provienen de una adicción o son producto de un ejercicio de elección de conciencia. Para estos casos, la propuesta es simple: hay que pensar en el resultado emocional que vendría de las decisiones que hay por delante. Si una de las decisiones nos provoca sentir nuevamente la adicción, entonces ése es un camino equivocado. Si una de las decisiones es sumamente difícil, pero el resultado es acorde a la misión personal, entonces es el camino correcto.

A Laura le llegó una oportunidad de trabajo con un mejor salario. Su mente la animaba a pensar que el ofrecimiento era indudablemente bueno, que no había razones para rechazarlo, que aceptarlo era dar un paso hacia adelante y crecer de forma profesional. Sin embargo, su resultado emocional hubiera sido estar mucho más estresada, constantemente preocupada por dar el ancho, viviendo en un estilo de vida que estaba lejos del que ella deseaba para sí misma. Al final, Laura hubiera sido totalmente infeliz porque seguiría pensando que la vida es muy injusta con ella.

Decídete a seguir
tu misión personal.

Hacerse responsable de las decisiones

Hay que poner en la balanza nuestras opciones y darnos cuenta de cuáles serán las consecuencias de las decisiones que tomemos. Generalmente nos inclinamos por la opción que nos causa menos dolor, pero tenemos que analizar más a fondo y elegir aquélla con la que podamos lograr un cambio real, duradero y significativo.

El verdadero secreto de las elecciones es que no importa cuál sea la decisión tomada, sino hacerse cargo de aquello que se deja atrás. Cuando se toma una decisión siempre se pierde una opción. Somos responsables de lo que perdemos y de compensarlo.

*Las decisiones que cambien
tu ser serán difíciles, pero serán
las correctas.*

En el caso de Laura, renunciar representaba un desequilibrio económico para su familia. Cuando tomó la decisión de rechazar la oferta, estaba completamente consciente de todo lo que estaba perdiendo: seguridad económica, viajes, prestigio y la posibilidad de comprar una casa a corto plazo. Por supuesto que tuvo momentos muy difíciles, pero todo hubiera sido mucho peor si ella no hubiera sido responsable de lo que había perdido.

Afortunadamente, Laura entendió las implicaciones de sus decisiones, asumió sus retos y se hizo responsable. Ella luchó para seguir su vocación, que ésta le diera para vivir de manera cómoda y al final lo logró. Hoy Laura ha llegado a ser actriz, productora y guionista de su propia obra de teatro.

Priorizar los cambios

En este punto tenemos muchas cosas que queremos modificar, especialmente si hemos hecho todos los ejercicios. Sin embargo, es muy importante poder priorizar estos cambios y elegir el mejor camino para la transformación.

El cambio lo vamos a realizar desde una perspectiva muy profunda. Modificará nuestra estructura personal y seguramente pondremos alguna resistencia a que pase. Una recomendación es que hagamos estos cambios uno por uno, alcanzar poco a poco nuestro objetivo evitará no recaer en los viejos hábitos. Por eso, debemos escoger cuál cambio tendrá un mayor significado.

Hay que percibir el cambio de manera objetiva. Nuestra personalidad tiene como raíz la adicción mental, y de esa base aparecen los diferentes patrones, emociones y comportamientos. El chiste es que podamos visualizar la modificación que afecta más a la estructura adictiva.

Por ejemplo, si decidimos dejar de fumar, sólo estaremos cambiando una parte muy pequeña de la personalidad. En cambio, si usamos las herramientas que hemos obtenido hasta ahora, llegaremos a partes profundas de la personalidad y conoceremos las razones que nos hacen fumar desmedidamente. Después de conocerlas, dejar de fumar será un paso natural.

El primer cambio debe ser
el más importante.

Tomar decisiones desde
una mente consciente

Si no tomamos activamente la decisión, la mente inconsciente terminará por hacerlo por nosotros. Es importantísimo prestar atención a este detalle, ya que estamos en un proceso complicado. En muchas ocasiones nos sentimos satisfechos con llegar al punto donde se identifican los patrones de conducta nocivos, debido a que somos capaces de verlos de manera

consciente y esto constituye un logro mayor en el autoconocimiento. El problema es que esto es sólo la primera parte del
proceso. Hace falta tomar las riendas y tener fuerza de voluntad para no quedarnos estancados en este punto. Si no actua-
mos en este momento del proceso, la adicción mental queda
intacta y corremos el riesgo de que se afiance aún más.

Pensemos una vez más en el hábito de fumar cigarros,
entendemos que es una adicción que perjudica la salud general. Pero incluso con la conciencia de esto, un fumador será
presa de las jugarretas de su sistema para obtener su dosis de
nicotina respectiva. Finalmente, el fumador tendrá argumen-
tos para decir que el tabaco es casi imposible de dejar, podrá
inundarnos de razones sobre por qué lo necesita y de lo fuerte
que es la adicción. Entonces, si él no toma la decisión firme de
dejar el cigarro y actuar de manera consciente, ¿qué o quién
la tomará en su lugar? La respuesta es que lo hará la mente
inconsciente que se rige por la adicción.

Siempre que tomas decisiones, hay que tener muy presente quién elige cambiar. Es deseable que tu conciencia sea la
que esté por sobre las adicciones y los malos hábitos. Si logras
ganar esa lucha mediante el uso de tu conciencia humana, to-
marás las decisiones correctamente.

El inconsciente se resistirá
al cambio.

Avisar a los demás que estamos cambiando

Es muy importante hacer pública la determinación de cambiar hábitos cuando se haya tomado, ya que los demás también están acostumbrados a que funcionemos de cierto modo y a que tengamos ciertos rasgos de nuestra personalidad. Ellos notarán de pronto los cambios, puede ser que haya quienes se alegrarán por nosotros, pero también aparecerán los que no estarán de acuerdo.

¿Cómo lidiar con las personas que estén inconformes con nosotros? La dinámica con ellos debe modificarse de acuerdo con los cambios que queramos realizar en nuestra persona. Puede que al principio sea complicado, porque es posible que se modifiquen los lazos personales que han durado muchos años. Hay que tomar en cuenta que mucha gente con la que nos relacionamos nos ofrece una dosis de eso a lo que somos adictos emocionalmente.

Pero si logramos resolver estas contradicciones, puede que nuestras relaciones pasen la prueba y que después de este largo proceso de cambio ganemos relaciones más sanas con los que nos rodean.

TAREA

Decídete a cambiar, no hay límites para lo que quieras modificar. Sólo necesitas tener la voluntad de hacerlo. Recuerda que estos cambios son para ti mismo y son para bien.

Te presento tres ejercicios que pueden ser de mucha utilidad, resuélvelos atentamente.

1. Imagina que encontraste una lámpara mágica, la frotas y aparece un genio. Puedes pedir todos los deseos que quieras, no hay límite, sin embargo, todos éstos tendrán que ser cambios que quieras hacer en ti. ¿Qué pedirías? Piensa en cuál es el ideal de ti mismo que quieres alcanzar, y en qué necesitas cambiar para alcanzarlo.
2. Pon en la balanza la decisión que piensas tomar. En la columna de la izquierda de la siguiente tabla, escribe todo lo bueno que tiene esa decisión, y en la otra, todo lo malo que implica.

MI DECISIÓN DE CAMBIO	
Aspectos positivos	Aspectos negativos

Observa de qué lado se encuentra tu misión personal y pregúntate si podrías ser responsable por lo que perderás cuando la realices.

3. En la figura 10 escribe tu estructura psíquica. Establece tus prioridades y analiza cuáles de estos cambios son los que más se acercan a tu adicción mental.

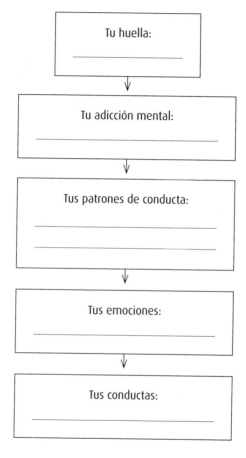

Tu huella:

Tu adicción mental:

Tus patrones de conducta:

Tus emociones:

Tus conductas:

Figura 10. Estructura psíquica personal

¡Toma la decisión de cambiar!

PASO 7
Comenzar el cambio

Después de recorrer el camino propuesto en este libro y de tomar decisiones conscientes, es momento de cambiar la realidad y el destino. Ahora, nos encontramos en el último paso del proyecto más importante de la vida, por ello, este apartado está dedicado íntegramente a enseñarnos cómo podemos lograr los cambios y las modificaciones que deseamos.

Neuroplasticidad

Ahora tenemos claro que nuestra personalidad, adicciones y lo que atraemos están impresos en los procesos mentales y más específicamente en las neuronas, por ello, el objetivo principal debe ser cambiar las conexiones neuronales.

La herramienta que utilizaremos para esta tarea es la neuroplasticidad. Esta última es la propiedad del cerebro para hacer cambios a nivel de las conexiones neuronales. El cerebro puede modificar su estructura a niveles micro a partir de las decisiones y los actos. Ellos logran afectar y cambiar poco a poco la manera en la que funciona el cerebro.

Quizá suena muy técnico, pero la realidad es que el poder del cambio está dentro de cada uno. Y dar con él es mucho más fácil de lo que creemos. ¡Estamos diseñados para este momento!

¡Somos capaces de modificar
nuestra realidad!

Dentro del cerebro, las neuronas transmiten información entre ellas por medio de conexiones. Existe una conexión neuronal específica para cada uno de nuestros pensamientos, emociones, conductas y, por supuesto, para las adicciones emocionales. Por eso, cuando un fumador adicto siente la necesidad de un cigarrillo, una red específica de neuronas se activa, dando origen a sensaciones físicas y, eventualmente, a las acciones.

Lo mismo pasa con las emociones, ya sean positivas o negativas; cuando las experimentamos se activan redes de neuronas específicas.

Las conductas están relacionadas con una manera particular en la que funciona el cerebro. Las conexiones entre las neuronas se van haciendo estables con el tiempo, pero eso no quiere decir que no se puedan modificar.

Podemos modificar aquellas
conductas que no deseamos.

Anteriormente, se creía que las células del cerebro morían, proceso que se aceleraba por el consumo de alcohol o drogas; y que una vez muertas, estas células no se volvían a regenerar de la misma manera que el resto de los tejidos. Se pensaba que cuando las células del cerebro mueren, dejan un hueco en las conexiones que había establecido este órgano con anterioridad, lo cual significaba que las habilidades se perdían de forma permanente.

También se creía que al llegar a la edad adulta se perdía la capacidad de crear nuevas conexiones entre las neuronas existentes. Sin embargo, nuevas investigaciones apuntan que pese a que las neuronas no se regeneran, los enlaces entre ellas pueden fortalecerse y modificarse, ya que las actividades realizadas a diario modifican las conexiones, crean nuevas, refuerzan las más usadas y al mismo tiempo descartan las conexiones que se dejan de utilizar.

La neuroplasticidad es la capacidad que tiene el cerebro para formar nuevas conexiones nerviosas en respuesta a información novedosa, habilidades que aprendemos y también a partir de la reparación de los daños sufridos con la edad. La neuroplasticidad es como si fuera el mantenimiento que el cuerpo le da a la red del cerebro.

Uno de los aspectos más interesantes de la neuroplasticidad es que para crear nuevas conexiones, es necesario hacer un esfuerzo mental, el cual sería como un entrenamiento para crear nuevas conexiones. De manera semejante a los músculos que se desarrollan con un ejercicio específico, también el cerebro puede hacer nuevas conexiones neuronales si se estimula apropiadamente.

Pensemos en una gimnasta que entrena su cuerpo para fortalecer sus brazos, mejorar su sentido del equilibrio y aprender una rutina hasta realizarla en automático. Igualmente, cuando alguien aprende un nuevo idioma, su cerebro se acostumbra a reconocer con más precisión los sonidos, a pronunciarlos, a leer el lenguaje y a trabajar en otras formas gramaticales. Todas estas acciones se logran a partir de generar un esfuerzo mental y de la repetición.

Para poder cambiar
las conexiones neuronales es necesario
repetir un esfuerzo mental.

Ensayo mental y meditación

Existen muchos métodos que se valen de la neuroplasticidad para poder cambiar las conexiones neuronales y que nos servirán para cambiar conductas no deseadas. Sin embargo, nos enfocaremos en uno llamado *ensayo mental,* que a pesar de ser una de las técnicas más novedosas en occidente, se hermana con una de las tradiciones orientales más viejas: la meditación.

El ensayo mental consiste en crear de manera voluntaria imágenes en la cabeza, imaginándolas y reflexionando sobre ellas. Es una de las técnicas que los deportistas utilizan con frecuencia como parte de su entrenamiento. Por ejemplo, un corredor de carreras se piensa a sí mismo en la pista de atletismo, pero lo hace con todos los detalles que pueda imaginar: la ropa que trae puesta, la suavidad del tartán, las condiciones del clima; también imagina cuando se pone en posición

PASO 7. Comenzar el cambio | 143

de arranque, el disparo de salida, las zancadas que da y cómo recorre la pista. Todos estos detalles y lo demás que el atleta pueda imaginar forman parte de su propio ensayo mental.

El ensayo mental también es llamado *visualización* porque el individuo se ve a sí mismo en una realidad que quiere generar. Este ejercicio es de mucha utilidad para fomentar las actitudes necesarias para alcanzar lo que se desea.

La meditación no significa poner la mente en blanco o realizar alguna actividad esotérica, sino que consiste en un entrenamiento mental para lograr la concentración y la relajación. Los objetos de la meditación puede ser muchos: el sentido de la vida, la muerte, el dolor, la divinidad, entre otros.

Para los fines del proceso de autoconocimiento que venimos realizando, la meditación es ensayar mentalmente sobre nuestra propia situación y en los cambios que queremos realizar en nuestra vida. La meditación debe hacer referencia sobre nuevos hábitos y nuevas realidades.

La meditación y el ensayo mental son capaces de generar nuevas conexiones neuronales, esto ocurre porque el cerebro interpreta la información que llega a él y no distingue entre las percepciones reales y las que son imaginadas. Vamos a usar un ejemplo para que esto quede más claro. Si acudimos al funeral de una persona que quisimos mucho, vamos a sentir tristeza. Que alguien se vaya es un hecho muy doloroso y más cuando teníamos un vínculo cercano. Este dolor es una reacción natural al momento que se está presenciando. Si después de varias semanas, nos volvemos a imaginar el funeral, el recuerdo de ese evento regresará a nuestra mente y nos sentiremos tristes nuevamente. Aunque ese sentimiento proceda de la memoria y el hecho no se viva otra vez, las emociones involucradas son reales.

Nuestro cerebro no distingue si lo que se dibuja en la mente proviene de la realidad, es parte de sus recuerdos o son las imágenes que éste mismo crea. El ensayo mental se vale de esta característica para reaccionar a situaciones que una persona se proyecta a sí misma.

El cerebro no distingue
si lo que dibuja la mente proviene
de la realidad o lo está imaginando.

El ensayo mental y la meditación utilizan esta propiedad del cerebro para que el cambio no duela en la realidad y sea muy profundo. Repetir, con ayuda de la imaginación, aquellas cosas que deseamos cambiar es la clave de la transformación. Mediante la reflexión lograremos que el cerebro interprete la imágenes como un hecho real, y así lograremos cambiar poco a poco las conexiones neuronales con las que hemos trabajado hasta ahora, forzando así una modificación de pensamiento, emocional y de conducta profundo.

Para cambiar nuestra
realidad exterior tenemos que
empezar por nuestra realidad
interior.

¿Qué es meditar?

Meditar es un proceso con el cual nos hacemos de nuevos hábitos y reinventamos nuestro ser. Por medio de la meditación también creamos nuevas conexiones en el cerebro. En otras palabras, meditar es un proceso por el cual podemos convertirnos en un nuevo ser.

El ensayo mental o la meditación que nos propongamos hacer debe estar perfectamente diseñada para que el cambio a lograr sea posible. Debemos considerar los siguientes cuatro puntos para poder elaborar las imágenes en los ensayos mentales:

1. Las imágenes tienen que estar pensadas a partir de las decisiones de cambio tomadas con anterioridad. Hay que recordar que una vez establecidas las prioridades, es decir, las actitudes y conductas que vamos a cambiar primero, debemos ajustar nuestra imagen mental para que corresponda con el proyecto planteado.

2. Hay que estar seguros de que las decisiones tomadas sean específicas, reales y alcanzables. También hay que considerar que esas situaciones nos causarán bienestar y alegría. En este punto, tenemos que recordar cómo funcionan las emociones. La alegría que nos espera debe servirnos de motivación para continuar en este proceso de transformación.

3. Tenemos que generar imágenes que siempre tengan un tono positivo. Por ejemplo, si tenemos por adicción echarnos para atrás en los momentos decisivos, y las imágenes creadas son: "Ya no quiero echarme para atrás en los momentos más decisivos", seguiremos

reforzando las conexiones que hicieron posible la vieja estructura mental, haciendo todavía más difícil el cambio. Pero si las imágenes son positivas y dicen: "Llegaré con fuerza y confianza a los momentos más decisivos", entonces con la repetición de ellas se empezarán a crear nuevas conexiones, que perdurarán conforme se repitan.

4. No hay que hacer imágenes que denoten pasado o futuro. Tampoco tienen que ser sobre la manera o las herramientas para cambiar. Para el cerebro no existe el tiempo, únicamente crea y responde a los estímulos, de tal forma que debemos hacer imágenes sobre un presente imaginario. En estos casos, no vale pensar en el "qué hubiera hecho" o el "qué haríamos", debemos enfocarnos en qué queremos ser en el ahora.

Ya que tenemos claro qué debemos hacer para diseñar el ensayo mental, hay que tener en cuenta que el aspecto más importante de la meditación es pensar y sentir al mismo tiempo. Al meditar correctamente logramos trabajar de forma simultánea con esos dos lados de la mente, con la parte racional y la emocional. De tal manera que a la hora de incorporar las imágenes en la meditación, hay que agregar el sentimiento que queremos tener en la escena.

Cuando pongamos una imagen en la mente y cuando deseemos algo, no solamente hay que proponerse un camino racional para realizarlo, sino que también hay que proyectar cómo serán nuestras emociones al lograrlo. Por ejemplo, si pensamos en salir de vacaciones, no es suficiente pensar en cuál es la mejor ruta, imaginar que revisamos el coche o considerar el hospedaje en el que nos vamos a alojar, entre otros aspectos. Es importantísimo que también pensemos en la sensación de estar ahí y en cómo nos sentiremos cuando disfrutemos de ese destino turístico.

Pensar y sentir mientras meditamos es el más grande secreto, es el que dará el poder a nuestros ensayos mentales.

Consejos para meditar

Lo primero que debemos tener en cuenta es que meditar significa poner a nuestra cabeza a trabajar y reflexionar sobre los cambios reales que queremos hacer. Hay que deshacernos de la imagen de hombres barbudos, sentados en posición de loto y repitiendo mantras. Para meditar no se necesita ninguna iniciación mística, sólo se requiere cerrar los ojos, concentrarnos y ensayar mentalmente: proyectar imágenes sobre las posibles realidades a cambiar y los objetivos a lograr. Esto quiere decir que tenemos que imaginar detalladamente en quién queremos convertirnos, la realidad que queremos generar y qué necesitamos cambiar en nosotros para conseguirlo.

Las mejores horas para meditar son al despertar y antes de dormir. El cerebro produce distintos ritmos de impulsos eléctricos dependiendo de las actividades que estemos realizando. Estos ritmos son las ondas que pueden ser registradas por los electroencefalogramas. Cuando nos encontramos en estado de vigilia, es decir, plenamente despiertos, el cerebro funciona en una frecuencia *beta*. Cuando estamos en duermevela, el cerebro se encuentra en la frecuencia *theta*; y cuando dormimos de manera profunda, la frecuencia que opera es la *delta*. Para poder meditar la frecuencia óptima es la *alfa* y ésta actúa cuando estamos despiertos pero relajados, es por la que pasamos justo antes de dormir. Este estado intermedio de la actividad y la frecuencia alfa son los que permiten establecer nuevas conexiones neuronales.

Es muy importante preparar el entorno para meditar, debemos procurar un ambiente libre de distracciones que puedan sacarnos del estado de concentración. Para este momento, debemos desconectarnos del mundo exterior, apagar el teléfono celular y librarnos de cualquier pendiente que podamos tener.

Podemos meditar en la posición que mejor nos acomode: sentados, hincados, en cuclillas, etcétera. La única postura que no es aconsejable es estar acostados, porque corremos el riesgo de quedar dormidos. Sin embargo, sí es cierto que la meditación cambia cuando se usan las posiciones tradicionales. Esto pasa porque la postura que se adopta influye en el movimiento de energía en el interior del cuerpo, en la capacidad de concentración y, por lo tanto, en los resultados que se logran. Si estamos comenzando a meditar, podemos utilizar la posición más cómoda, pero conforme ganamos experiencia, lo mejor es adoptar otra más común:

- Hay que adoptar una posición de flor de loto de preferencia. Esta posición es la mejor para concentrar la energía porque impide que ésta se vaya a nuestras extremidades, obligándola a trabajar de manera ascendente en nuestro cuerpo.
- Es importante tener siempre la espalda recta en cualquier posición que se elija para meditar. Se dice que la

energía interna fluye de abajo hacia arriba y a través de nuestra medula espinal, entonces, si tenemos la espalda recta, es más fácil que se transfiera energía.

- La respiración es uno de los componentes más importantes de la meditación. Para empezar a meditar, uno de los ejercicios más sencillos es prestar atención a la respiración, observar cómo es su ritmo y notar cómo fluye de manera natural sin forzarla.

Comenzar a meditar

Con la finalidad de auxiliarte en esta práctica, a continuación te comparto una liga hacia un sitio de internet con una meditación guiada: <www.estadocero.org/MeditacionGuiada>.

La meditación propuesta es una técnica que utiliza sonidos de la naturaleza, cascadas corriendo, sonidos de delfines o cantos de ballenas, que nos ayudan a alcanzar las frecuencias cerebrales necesarias para iniciar la meditación y las técnicas de neuroplasticidad que nos lleven a conseguir los cambios deseados. Esta técnica de meditación consiste en tres etapas:

1. *Inducción.* Esta etapa abre la puerta a nuestro estado creativo. Lo más importante aquí es que pasemos del estado analítico y racional de la frecuencia *beta* al estado sensorial y emocional de *alfa*. Es decir, del estado de mayor actividad, a un estado de tranquilidad y lucidez. Para hacerlo es importante tener los ojos cerrados, seguir las instrucciones y enfocarse en la respiración o en los latidos del corazón.

   El sonido que escucharemos son ondas binaurales en el rango *theta* que nos ayudarán a entrar en un estado de meditación. Todo estado de meditación lleva a la quietud, equilibrio y paz de la mente, como si un océano terriblemente inquieto y tormentoso se transformara, al menos por unos minutos, en un lago calmado y sereno.

2. *Sembrar el nuevo estado del ser.* Este paso consiste en lograr el estado meditativo de concentración y pasar a la conciencia creativa. Esto quiere decir que en este paso nuestro objetivo es llegar a crear una mente nueva en el cerebro y también en el cuerpo, para que nos sea natural manifestarla. Este paso consiste en reprogramar la mente. Se meditará en lo que se quiere cambiar y en lo que se desea obtener. En esta parte de la meditación es donde se deben repasar todas las imágenes diseñadas en el ensayo mental. Mientras más creativos seamos al inventar esta identidad nueva, los resultados serán mayores y mejores.

El sonido que debe acompañarnos en esta etapa debe ser el canto de los delfines y las ballenas. Escucharlos nos permitirá lograr la relajación y la reducción del estrés.

3. *Despertar.* En este momento salimos del estado meditativo. Podemos empezar a abrir los ojos y a movernos despacio. Respiramos profundamente porque es el momento de despertar.

TAREA

Imagina 10 escenarios que te involucren a ti mismo, en ellos tiene que haber imágenes de lo que quieres cambiar. Pon especial atención en que éstas sean específicas, medibles, reales, alcanzables, positivas, en tiempo presente y que sean el resultado final. Estas escenas serán las que usarás para la meditación, especialmente para la segunda etapa de siembra.

Durante 40 días realiza la meditación propuesta en sesiones diarias de más o menos 30 minutos cada una. Considera que 40 días son el periodo mínimo para poder cambiar las conexiones neuronales y lograr que las nuevas permanezcan. Es muy importante que seas constante con tu meditación. Los cambios que verás son parte de un proceso lento que requiere de mucha concentración y dedicación.

Los primeros 7 días y durante las primeras sesiones, puede ser que te resulte cansado o difícil mantener la meditación. Considera que, como toda actividad física nueva, será solamente cuestión de acostumbrarte para que domines la posición.

Alrededor de las dos semanas de que comiences a meditar, entre los 12 y 15 días, empezarás a sentirte mucho mejor y le encontrarás sentido a la meditación, percibirás beneficios tangibles, por ejemplo, te sentirás más relajado, más enfocado y menos estresado.

A las tres semanas, 25 días más o menos, notarás que poco a poco te estás transformando en esa persona que te habías propuesto ser. Después de pasar este punto, comenzarás a notar en tu vida ciertos detalles que habías incluido en la meditación. En este momento entenderás cómo funciona: primero se crea algo en la mente, se proyecta y entonces, poco a poco, se materializa y se vuelve un cambio notable.

Pero esta parte del proceso también tiene su chiste. Como ya comenzaste a notar los cambios en tu persona, procura no perder de vista tu objetivo por buscar otras metas, o intentar meditar de otra forma y con otras intenciones. Éste suele ser un error común, recuerda que el tiempo mínimo indispensable para cambiar una conexión neuronal son 40 días. Antes de este tiempo, a pesar de que ya existen nuevas conexiones, éstas no están reafirmadas. Necesitas seguir trabajando en fortalecer estas nuevas conexiones que has logrado hacer, y esto sólo se logra continuando con el proceso de meditación. Recuerda, debes cumplir al menos esos 40 días sugeridos.

Al terminar este proceso, un día, de repente, te encontrarás viviendo una situación que, antes de toda esta transformación, terminaría llevándote a actuar con esos viejos hábitos que decidiste cambiar. Sin embargo, ahora notarás claramente cómo ya no actuaste de esa manera. Esto será un verdadero logro y representará el momento en que puedas empezar a vivir conforme a ese nuevo *yo* que te propusiste ser.

¡Haz conciencia!

Muchas personas de manera errónea quieren iniciar el cambio desde afuera, pero el cambio que proponemos aquí es desde adentro. Desde nosotros mismos primero, y después proseguiremos a transformar nuestra vida.

Puede costar trabajo entenderlo porque llevamos mucho tiempo siendo educados para funcionar a partir de lo que pasa afuera y reaccionar a ello. Sin embargo, después de leer este libro, podrás comprender la realidad de otra manera. El trabajo a realizar comienza primero creando la realidad dentro de nuestra mente y después se podrá materializar allá afuera.

También puede ser frustrante que durante el proceso de autoconocimiento y transformación nos topemos con una situación desagradable que nos lleve a caer de nuevo en nuestros viejos vicios. Sentir como si cayéramos en una trampa que nos tendimos nosotros mismos. Pero no nos detengamos por eso, ésta es una parte normal del proceso.

Si esto pasa, hay que observar nuestras reacciones y conductas. Nos daremos cuenta de que aunque caímos, ahora somos conscientes de ello. Si hemos notado esa diferencia, si hemos sido conscientes de nuestra falla, vamos por buen camino para transformarnos.

Al cabo de al menos 40 días, cuando estemos conscientes de los cambios que hemos realizado y seamos capaces de vivirlos felizmente, será el momento de cambiar la meditación y continuar cambiando si queremos.

El siguiente paso en nuestra meditación puede ser planear nuevos cambios. O bien, empezar a reflexionar y pensar sobre lo que hemos creado, dependiendo si nos sentimos satisfechos con lo que hemos logrado. Cuando ya logramos cumplir con los primeros 40 días de meditación entenderemos cómo funciona y cada día seremos un poco más hábiles y podremos lograr otros fines utilizando este método.

Si lo consideramos, tenemos muchísimas razones para meditar y también técnicas. Una vez que hayamos obtenido cambios que nos signifiquen mucho, no pararemos nunca de meditar.

Cualquier camino de meditación
nos lleva a nuevas formas de estar
en conexión con nosotros mismos.

Epílogo

Estamos por terminar el proceso de nuestra transformación personal. ¿Cómo te sientes? ¿Cómo te percibes? ¿Cómo interactúas con los demás?

En este punto es importante entender cómo se comporta la conciencia para tener una visión más general de nuestra propia naturaleza humana y la propensión al cambio. Tomaremos el simbolismo de la serpiente emplumada para comprender este punto (véase figura 11). Esta figura puede representar el movimiento natural de la conciencia: a veces está arriba, a veces abajo, pero sigue en un curso de avance y aprendizaje.

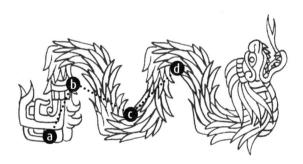

Figura 11. Movimiento natural de la conciencia

Cuando empezamos con este libro nos encontrábamos en *a*; conforme avanzábamos en el trabajo, pudimos alcanzar el nivel *b*. La distancia entre *a* y *b* corresponde a la conciencia adquirida por medio del proceso de autoconocimiento. Toda esta información se quedará acompañándonos y nunca se perderá ni se olvidará. Sin embargo, como el comportamiento de la conciencia asciende y desciende, ahora está en los estados más altos, pero en otras ocasiones tenderá a bajar. No hay de que preocuparse, para esta situación hay una razón de ser. Cuando baja llega al punto *c*, y no al punto *a*. Esto es un nuevo comienzo y dependerá de cada y uno que vuelva a subir. Para eso sirve este libro, para ganar las herramientas para ascender y llegar al punto *d*, cuya cima siempre será más alta que la de *b*.

Este fenómeno es cíclico y ascendente. Es inevitable que en algún punto descienda la conciencia, sin embargo, éstos no significan un retroceso. Estos puntos –que pueden sentirse como *bajones* físicos, emocionales, mentales o espirituales– deben ser considerados como el origen de un nuevo ascenso más significativo.

Necesitamos descender en nuestro estado de conciencia, encontrar la fuerza para impulsarnos y así ascender hasta un estado de conciencia más alto. Por supuesto, cada vez que se sube más, se profundiza en el conocimiento y se alcanzan niveles de conciencia mucho más elevados e iluminados.

Ése es el comportamiento de la conciencia. Sin embargo, recorrer este nuevo camino depende enteramente de cada uno y de nuestros deseos de mejorar. Este libro se escribió para ser tu compañero en cada uno de estos procesos. Las herramientas aquí expuestas son un método para continuar con el desarrollo humano y la superación como individuo. A lo largo de este proceso hemos aprendido cómo hacerle frente a las preguntas más importantes del proceso de autoconocimiento personal:

- *¿Qué causa el sufrimiento?* Somos seres limitados para controlar la realidad, y esto nos causa malestar. Es un hecho que siempre existirá algo que nos haga sentir inconformes. El objetivo siempre será aceptar nuestra condición humana.
- *¿Qué dice el cuerpo?* Cada síntoma físico es un reflejo de una molestia emocional. El cuerpo es el mejor comunicador entre el *yo* interno y el *yo* externo, por lo que es necesario escuchar los síntomas para encontrar los verdaderos malestares.
- *¿Qué dicen las emociones?* Las emociones son una vía para interpretar la realidad. Ahora entendemos cómo es la reacción emocional ante los eventos que se presentan en la vida y cómo debe encaminarse.
- *¿Cuál es la necesidad verdadera?* La adicción mental está configurada en la red neuronal de cada uno, por lo que es necesario tener esto presente en cada estadío de conciencia alcanzado. Los cambios realizados deben estar de acuerdo con la misión personal. Esta última es personalísima y procede de las heridas emocionales más sentidas. Conocer las causas de lo anterior es la manera de encontrar el camino a seguir. Cuando se halla es importante preguntar si este camino de transformación sirve para cumplir la misión.
- *¿Cómo tomar decisiones?* Hay que tener claras las prioridades en el proceso de transformación. Se debe reflexionar sobre estas prioridades y tomar determinación para seguir con el camino y no desistir.

- *¿Cómo crear una nueva realidad?* Meditar es una manera de hacer realidad los deseos e intenciones. Lo que se desea con suficiente fuerza llegará, siempre y cuando proceda del proceso de autoconocimiento propuesto en este libro. Hay que atreverse a conocernos cada vez más y a elevar el estado de conciencia.
- *El nuevo comienzo.* El crecimiento personal es un proceso constante. Cuando se cierra un ciclo de aprendizaje es posible que la conciencia se sienta un poco deprimida. Sin embargo, este paso es el nuevo comienzo para lograr otro estadío más elevado. Seguramente, siempre habrá algo que nos inconforme en la vida, pero esto es una nueva oportunidad para seguir creciendo.

¡Haz conciencia!

Hasta ahora has hecho un proceso de transformación muy importante que te acercará cada vez más a la persona que quieres ser. Como has visto, es innegable que te sentirás un poco perdido después de completar este primer ciclo.

En este punto puede ser que llegues a creer que te encuentras nuevamente en el comienzo, sin embargo, éste pertenece a otro ciclo. Ahora sabes también que la adicción mental surge como respuesta a la huella psicológica. Aunque ésta nunca cambiará, debes aprender a perdonarte y a no ser tan duro contigo mismo; debes aprender a sobrellevar la huella, porque forma parte de tu personalidad.

Siempre que te encuentras en algún punto bajo de la conciencia, debes recordar que todas las respuestas están en la huella. Es probable que ésta última encuentre otras formas de manifestarse, cambiará el escenario, los actores, pero siempre se tratará de la misma obra: la huella y la misión personal.

Hay algo valioso en ti, en cada uno de nosotros. Ahora conoces todas las herramientas necesarias para transformar tu vida y así continuar con el desarrollo humano. Estas herramientas son muy valiosas y están dentro de ti, te pertenecen, y lo único que debes hacer es tomar una decisión y usarlas. Recuerda que tienes la capacidad para ser lo que quieras ser.

Tu evolución es el proyecto
más importante de tu vida.

¡Piensa! ¡Piensa! Piensa hasta que no haya nada más real que tus pensamientos, vive acorde a ellos. En cuanto pienses como es debido, ese ser interior se adueñara de tu lado humano, lo guiará, protegerá y sustentará toda tu experiencia. Ahora debes entender que eres el creador de tu propio destino y sólo dentro de ti está el poder de transformar tu realidad. Imagina todo lo que podrás hacer de ahora en adelante con los conocimientos ganados hasta el momento. Sólo tú puedes escribir tu historia y por fin responderte quién eres, dónde estás y hacia dónde vas.

Fue un placer poder acompañarte en tu despertar.

Anexo

Emociones

Las emociones primarias son: alegría, tristeza, afecto, enojo y miedo. Éstas se mezclan y producen otras más complejas. Más abajo, hay un cuadro que sirve para explicar las distintas emociones compuestas. Con ello, podremos rastrear las emociones primarias. El cuadro también presenta algunas intersecciones donde se cruza la misma emoción. Estos recuadros corresponden a estados máximos de esta última.

Nuestro sistema emocional no se limita a las emociones básicas; en muchas ocasiones, la realidad se nos presenta de tal manera que parece llevarnos a distintas respuestas. Recordemos que cada emoción que sentimos nos hace ver las situaciones desde sí mismas, y que muchas veces predomina una emoción dentro de nuestra estructura.

Este cuadro no es definitivo, sirve únicamente de guía para darnos una idea de cómo identificar mejor los estados emocionales por los que pasamos día a día; para hacernos más fácil el trabajo de encontrar qué puede estar detrás de uno u otro estado emocional que se nos presente. Saber cómo se componen las emociones sirve para entender cómo se puede actuar cuando se presenten situaciones más complejas.

Así, por ejemplo, cuando nos enfrentamos a una situación que nos hace sentir frustración, podemos detectar que se trata de una mezcla de enojo y tristeza. Para resolverla tenemos que elegir si la debemos afrontar desde la tristeza que nos provoca o trabajar sobre el enojo y encontrar lo que ha sobrepasado nuestros límites.

	Alegría	Tristeza	Miedo	Enojo	Afecto
Alegría	Felicidad	Melancolía	Sorpresa	Justicia	Euforia
Tristeza	Melancolía	Depresión	Ansiedad	Frustración	Decepción
Miedo	Sorpresa	Ansiedad	Fobia	Odio	Desconfianza
Enojo	Justicia	Frustración	Odio	Ira	Traición
Afecto	Euforia	Decepción	Desconfianza	Traición	Amor

Interpretación de la estructura emocional

Cuando se mezclan las emociones suele suceder que, por su intensidad, unas dominan sobre otras. Igualmente, ciertas combinaciones permiten que las personas consigan lo que quieren o se alejen sus metas. Resulta muy útil conocer esta estructura, ya que nos permitirá ser más asertivos en nuestras relaciones interpersonales. A continuación encontraremos algunas de las mezclas y cuáles son sus efectos:

1	3
5	
2	4

*1. Con alegría y afecto se puede obtener
de los demás lo que se desea.*
Generalmente ambas emociones se encuentran en la posición
1 y 2. Con esta combinación, buscamos obtener lo que queremos de otras personas. Esta relación es la más común debido a que aprendimos a ser aceptados cuando somos alegres y
afectuosos. Como las dos emociones involucradas son de una
naturaleza placentera, alimentan los vínculos que se estable-
cen con los demás.

2. Alegría cubre miedo.
La alegría se encuentra en la posición 1 o 2 y cubre al miedo
que está en 3 o 4. Esta relación es común en las personas
demasiado optimistas, que a pesar de estar conscientes de
que corren un peligro, no son capaces de entenderlo. Esta
relación está marcada por una emoción agradable y una desagradable, el problema se encuentra en que aprendimos a
alejarnos de toda emoción desagradable a pesar de la utilidad que tienen.

3. Afecto cubre tristeza.
Típicamente el afecto se encuentra en la posición 1 o 2 y cubre
a la tristeza en la posición 3 o 4. Esta relación es muy común
entre las personas a las que no les gusta estar solas. Cuando
pasa algo doloroso, lo primero que hacen es buscar a alguien

más para que los acompañe en el dolor. El problema surge cuando buscar compañía se vuelve una herramienta para evitar afrontar la situación, ya que se ignora la función reparadora que tiene la tristeza.

4. Afecto cubre miedo.

El afecto se encuentra en la posición 1 o 2 y cubre al miedo en la posición 3 o 4. Mediante esta relación de emociones, las personas buscan protegerse en los otros y, a veces, también proyectan el miedo a quedarse solas. Buscamos en otros la seguridad que nos hace falta para resguardarnos de un posible peligro. Y una vez más, ignorar el miedo porque es desagradable nos deja vulnerables porque se ignora que su función es protegernos.

5. Alegría cubre enojo.

La alegría se encuentra en la posición 1 o 2 y cubre al enojo en la posición 3 o 4. Ésta es una de las relaciones más peligrosas de emociones, porque es la forma en que se puede manipular a otras personas. Esta una cara agradable que guarda tras de sí una amenaza hacia los demás. Con esta relación, buscamos obtener nuestros fines por las buenas o por las malas.

6. Alegría cubre tristeza.

La alegría se encuentra en la posición 1 o 2 y cubre a la tristeza en la posición 3 o 4. Esta es una relación contradictoria debido a que estas emociones son de naturalezas opuestas. Por un lado, la energía de la alegría es la que nos sirve para seguir adelante; y por el otro, la tristeza deprime nuestro sistema para resguardarnos. Cuando la alegría cubre a la tristeza, lo que está pasando realmente es que esta última emoción está consumiendo las fuerzas para continuar. Si no nos permitimos estar tristes, forzamos a nuestro organismo a trabajar sin energía.

7. No saber usar la tristeza.
Ocurre cuando esta emoción se encuentra en la posición 5. Evitar la tristeza es un error porque, a pesar del dolor que nos causa, esta emoción sirve para curar las pérdidas. Las personas que no experimentan la tristeza adecuadamente son las que pueden parecer deprimidas de por vida porque tienen muchas pérdidas sin aceptar. La tristeza es fundamental en los procesos de duelo y su energía es reparadora.

8. Enojo cubre miedo.
Esta combinación ocurre cuando el enojo está en la posición 1 o 2 y cubre al miedo en la 3 o 4. La prepotencia y arrogancia son características de personas que tienen esta relación. El miedo es una emoción que sirve para protegernos de los peligros, sin embargo, hay quienes piensan que es una forma de vulnerabilidad. Estas personas buscan verse fuertes e inquebrantables y ocultan su miedo tras la ira.

9. Afecto cubre miedo.
Esta combinación ocurre cuando el afecto se encuentra en la posición 1 o 2 y cubre al miedo en la posición 3 o 4. Ésta es otra de las relaciones que usamos para obtener algo de las demás personas. Hay personas que desean el reconocimiento de los otros y están siempre pendientes de lo que éstos digan o piensen. El miedo a estar solos es la fuente para salir en busca de afecto. Esta relación de emociones puede describir a las personas que tienen un interés muy fuerte en los demás.

10. No saber sentir miedo.
Cuando el miedo se encuentra en la posición 5 es porque se piensa que sentirlo está vinculado con ser cobarde o no tener valentía. Sin embargo, no saber sentir temor es uno de los errores más comunes en el ámbito emocional. El miedo nos ayuda a protegernos de los peligros y si no se permite que esta emoción cumpla con su función, entonces, nos arriesgamos innecesariamente.

Fuentes de consulta

Dethlefsen, Thorwald y Rüdiger Dahlke, *La enfermedad como camino: un método para el descubrimiento profundo de las enfermedades*, México, De Bolsillo, 2009.

Dispenza, Joe, *Desarrolle su cerebro*, Buenos Aires, Kier, 2008.

Freud, Anna, *El yo y los mecanismos de defensa*, Barcelona, Paidós Ibérica, 1980.

Maslow, Abraham, *El hombre autorrealizado. Hacia una psicología del ser*, Barcelona, Kairós, 1988.

Muñoz Polit, Myriam, *Emociones, sentimientos y necesidades. Una aproximación humanista*, Araucaria, 2009.

Semiología, disponible en: <http://www.semiologia.net/>.

Semiología de la vida cotidiana, *Huella de abandono* [video de Youtube], publicado el 22 de marzo de 2013, disponible en: <https://www.youtube.com/watch?v=M8Qvo2CzC0s>, consultado el 15 de mayo de 2017.

ESTADO
CERO
Manual para el
enriquecimiento personal

terminó de imprimirse en 2017
en los talleres de Imprimex,
GPO Imprime México, S. A. de C. V.,
patricio@imprimex.org